LibreOffice 6.x ■ leicht und verständlich

Kerstin Broszat
ISBN: 978-3-945200-56-8, 1. Auflage: 2018-10

info@knowware.de
Cover: Quadratur-Verlag, Schlussredaktion und Lektorat: dito
Published by Quadratur-Verlag UG; printed in Germany

Bestellung für Endverbraucher und für den Buchhandel

Quadratur-Verlag UG
Blumenhaller Weg24, 49078 Osnabrück
Tel.: +49 (0)541 33145-20
Fax: +49 (0)541 33145-33
E-Mail: info@knowware.de
Web: www.knowware.de

Worum es geht

Hinter KnowWare steht der Gedanke, Wissen leicht verständlich und preisgünstig zu vermitteln.

Wo sind die Hefte erhältlich

Alle beim Verlag vorrätigen Titel kannst du immer bestellen.

Bestellungen:

- am einfachsten über unsere Webseite www.knowware.de
- oder per Fax, Telefon sowie E-Mail, Details siehe oben

Unter www.knowware.de finden Sie:

- Beschreibungen und Bilder aller Hefte.
- Die Übungsdateien, die in einigen Titeln angeboten werden
- Bei unseren Heften stehen Ihnen die ersten 6-10 Seiten pro Titel als kostenlose PDF-Datei zur Verfügung.
- Ausverkaufte Hefte: Viele Titel sind als PDF-Datei herunterladbar
- Online-Bestellung
- Kostenloser Newsletter mit vielen Vorteilen und Informationen
- Interne Suchfunktion nach Schlagworten.

Zum Inhalt:

Autoren, Lektor und Verlag haben den Inhalt nach bestem Wissen und Gewissen zusammengestellt. Trotz aller Sorgfalt können letztendlich Fehler nicht völlig ausgeschlossen werden und eine Haftung oder juristische Verantwortung wird daher grundsätzlich ausgeschlossen.

Autorin: Kerstin Broszat

... hat im Laufe ihrer kaufmännischen Ausbildung nach dem Abitur die ersten Computer-Erfahrungen am Commodore C64 gesammelt. Danach folgte bald der erste Windows-PC. Durch die Arbeit als selbstständige Lohn- und Finanzbuchhalterin gehört die Arbeit am PC zur täglichen Routine.

www.knowware.de

Inhaltsverzeichnis

LibreOffice als Alternative zu Kaufsoftware?

■ Aber klar doch!

Wahrscheinlich waren Sie wie ich unsicher, ob eine kostenlose Software genauso umfangreiche Funktionen bieten kann wie z.B. das (nicht gerade günstige) Office-Paket eines bekannten Software-Herstellers.

Da hatte ich nun im vergangenen Jahr die Qual der Wahl und musste für mein neues Notebook eine Büro-Software aufspielen. Aber welche?

Im Gegensatz zu meinem Büro-Rechner wollte ich dieses schöne mobile Teil privat nutzen und eigentlich nicht so viel für die notwendigen Programme ausgeben.

Ich deckte mich also über die bekannten PC-Fachzeitschriften mit kostenloser Software und Download-Angeboten ein und startete meinen Versuch mit *LibreOffice 6.0.6 (Stand September 2018).*

■ Ich war von Anfang an begeistert!

Meine ersten Schritte wagte ich gleich mit einem Serienbrief für meinen Verein, Einladungskarten für die Kindergeburtstagsparty meines Sohnes und einer Tabelle für meine DVD-Sammlung.

Dank den umfangreichen Hilfe-Funktionenkein Problem – und die Excel- und Worddateien, die ich ab und zu als Email-Anhang bekomme, konnte ich sogar mit LibreOffice ohne Probleme öffnen und bearbeiten!

Das Projekt „Lena"

Dann kam einer dieser „Heiße-Schokolade-mit-Sahne-gegen-schlechte-Laune-Nachmittage" mit meiner alten Freundin Lena!

Und Lena hatte diesmal ein wirklich schwerwiegendes Problem:

Ihr Job ist schon länger nicht mehr das, was er mal war, und so will sie sich nun endlich ihren Traum erfüllen und sich mit einem kleinen Laden für Secondhand-Spielzeug selbstständig machen.

Die großen Fragen waren nun: Lohnt sich das? Und wie kann man das verwirklichen?

■ Ein Geschäftsplan musste her!

Wir organisierten ruck-zuck Papier und Schreibzeug und verbrachten die nächsten 2 Stunden mit noch mehr heißer Schokolade und Pläne schmieden.

■ Und das ist dabei herausgekommen:

Mit Lenas Geschäftsideen und meiner LibreOffice-Erfahrung sollte es doch wohl möglich sein, dass das Projekt ein satter Erfolg wird, oder?

Als erstes installierte sich Lena LibreOffice auf ihrem Rechner und machte sich mit den vielen, vielen Möglichkeiten vertraut.

Danach setzten wir zusammen um das, was wir grob auf dem Papier skizziert hatten, auszuarbeiten.

■ Wir erstellten

- einen Erfolgsplanmit *LibreOffice Calc*
- ein Logomit *LibreOffice Draw*
- Briefpapiermit *LibreOffice Writer*
- eine Geschäftsfreunde- und Kundendateimit *LibreOffice Base*
- eine Präsentation mit *LibreOffice Impress*

Und das Tolle an den ganzen Planungen war, dass Lena im Anschluss ganz genau wusste was auf sie zukam.

Sie verringerte ihren Job auf eine Teilzeitstelle, mietete ein Ladenlokal und eröffnete ihr Geschäft nach 3 Monaten intensiver Vorbereitung.

Sie hatte wirklich so großen Erfolg, dass sie nach einem Jahr eingeladen wurde beim Treffen des örtlichen Arbeitsmarktforums einen Vortrag mit der LibreOffice-Impress-Präsentation über ihren Weg in die Selbstständigkeit zu halten.

Warum eine freie Software und was ist das eigentlich?

Ja, warum tun sich Menschen zusammen, um eine Software für andere zu entwickeln, die nichts kostet?

Dazu habe ich mich auf der Internetseite von LibreOffice umgeschaut und möchte Ihnen gerne von dort ein paar Passagen zitieren (den kompletten Text innerhalb des nachfolgenden Rahmens habe ich der Internetseite von Libreoffice.org entnommen):

LibreOffice wird von der LibreOffice-Gemeinschaft (Community) unter dem Dach der gemeinnützigen Stiftung „The Document Foundation" (TDF, englisch) entwickelt. Die meisten Mitglieder der Gemeinschaft sind ehrenamtlich tätig.

... Es ist unsere Überzeugung, dass Anwender von LibreOffice die Freiheit haben sollten, die Software zu benutzen, kopieren, verteilen, untersuchen, verändern und zu verbessern. Und wir glauben, dass die Nutzung von LibreOffice eine Sache der Freiheit und nicht des Preises sein sollte. LibreOffice wird daher kostenlos für jedermann zum Download bereitgestellt. Wir engagieren uns für diese Freiheiten, weil wir glauben, dass sie jedermann zustehen.

... Als Ergebnis ist LibreOffice breiter anwendbar und benutzerfreundlicher und die Beschränkung auf ein einzelnes Produkt wird vermieden. Wir glauben, dass freie Software eine bessere Qualität und Zuverlässigkeit, eine erhöhte Sicherheit und eine größere Flexibilität aufweisen kann, als dies mit einer urheberrechtlich geschützten Software möglich ist.

Die Gemeinschaft hinter LibreOffice ist das Herz des Projekts. Ohne diese hätten wir nicht die Ressourcen, um die Entwicklung von LibreOffice weiter voranzutreiben.

LibreOffice ist eine Abspaltung und Weiterentwicklung von OpenOffice. Vor einigen Jahren wurde die Entwicklerfirma von OpenOffice an eine andere Firma verkauft. Einige der OpenOffice-Programmierer waren mit der zukünftigen Ausrichtung nicht mehr einverstanden, gründeten eine eigene Stiftung (TDF – The Dokument Foundation) und entwickelten LibreOffice.

Die Ursprünge gehen allerdings noch viel weiter zurück, nämlich auf das StarOffice-Projekt der Firma Sun Microsystems.

The Document Foundation legt die Quellcodes von LibreOffice (libre = frei) offen und lädt interessierte Leute ein, daran mitzuarbeiten.

Die Stiftung finanziert sich durch Spendengelder weltweit.

Jetzt geht's aber hinein in die Welt von LibreOffice

So, genug der Vorrede – nun will ich Ihnen zeigen, was Lena und ich alles auf die Beine gestellt haben, und vor allem wie wir das gemacht haben.

Ich wünsche Ihnen viel Spaß und Erfolg!

> Die Zeichnungen und andere Beispiel-Dokumente aus diesem Lehrbuch finden Sie auf der Seite von KnowWare.de zum Download.

Nun geht`s los mit LibreOffice

Ein Spaziergang auf der LibreOffice-Oberfläche

Nachdem Lena problemlos LibreOffice auf ihrem Rechner installiert hatte (die Installation beschreibe ich im letzten Kapitel dieser KnowWare-Ausgabe), unternahmen wir gemeinsam eine erste Rundreise durch das Programm, um uns einen Überblick zu verschaffen.

Ich werde Sie nun durch die LibreOffice-Welt führen wie ich es mit Lena getan habe:

LibreOffice öffnen

mit einem Doppelklick der linken Maustaste auf das LibreOffice-Icon,

das Sie am Ende des Installationsvorganges auf ihrem Desktop abgelegt haben sollten.

Falls Sie das Icon nicht auf ihrem Desktop wiederfinden, schauen Sie bitte im Startmenü (im Betriebssystem Microsoft Windows) nach. Hier müsste es auf jeden Fall unter zu finden sein. Klicken Sie auf die Schrift *LibreOffice 6.0* und anschließend auf *LibreOffice*.

LibreOffice Startbildschirm

Nach einem kurzen Ladevorgang sehen Sie jetzt dieses Bild:

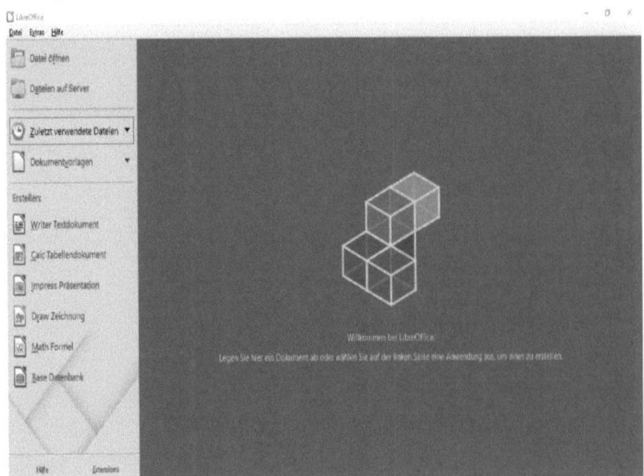

Unter der Menüleiste auf der linken Seite sind die einzelnen Komponenten von LibreOffice aufgelistet:

> Writer (*Textdokument*)
> Calc (*Tabellendokument*)
> Impress (*Präsentation*)
> Draw (*Zeichnung*)
> Math (*Formeldokument*)
> Base (*Datenbank*)

Daneben sehen Sie eine große graue Fläche mit einer netten Begrüßung und ein paar bunten Würfeln, die den Farben der Komponenten entsprechen (*Math* fehlt allerdings, falls Sie nachzählen wollen).

Ich möchte Sie jetzt ermuntern, einfach einzelne Elemente auf der LibreOffice-Oberfläche anzuklicken und selber zu entdecken, was sich dahinter verbirgt. Die Bestandteile werden wir aber natürlich noch ganz genau unter die Lupe nehmen.

> Mit einem einfachen Klick auf das kleine schwarze „x" rechts oben (unterhalb des roten Kästchens mit dem großen „X" – hiermit würden Sie LibreOffice als Ganzes schließen, aber das wollen wir ja noch nicht) werden Sie jeweils wieder zurückgeführt zur Übersicht.

Vielleicht haben Sie gemerkt, dass die einzelnen Programm-Teile von LibreOffice auch eine deutsche Bezeichnung haben.

Da aber die englischen Namen immer häufiger genutzt werden und auch in der Hilfe-Funktion des Programms immer wieder genannt werden, ist es ratsam, sich die englischen Bezeichnungen einzuprägen.

Von der Übersicht aus können Sie mit einem Klick auf das jeweilige Icon bzw. auf den gewünschten Programm-bestandteil diese Komponente öffnen oder ein vorhandenes Dokument oder eine der vielen Vorlagen, die LibreOffice für Sie bereit hält, nutzen.

Wenn Sie später, nachdem Sie bereits mehrere Dokumente mit LibreOffice erstellt haben, auf den Startbildschirm zurückkehren oder LibreOffice erneut öffnen, werden Sie auf der grauen Fläche diese (vorher erstellten und geöffneten) Dokumente mit einen Vorschaubild und dem Dateinamen darunter sehen:

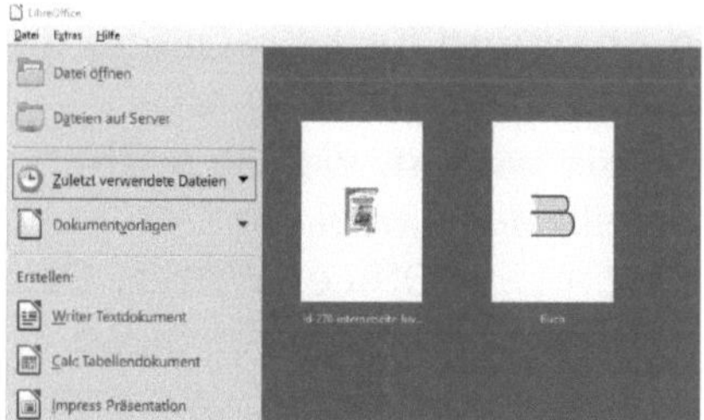

Mit einem Doppelklick auf die zu bearbeitende Datei können Sie sie praktischerweise sofort zum Bearbeiten öffnen – und Sie wissen genau, was Sie öffnen!

Natürlich ist es sinnvoll, dort nur Dateien anzuhäufen, die man öfter benötigt und dort gerne griffbereit hätte.

Alle übrigen Vorschaubilder kann man entfernen, indem man mit der Maus darüber fährt und auf das rechts oben erscheinende „x" klickt. Nur keine Panik – die Datei ist danach nicht gelöscht, sondern nur auf dieser Oberfläche nicht mehr abgelegt! Wir wollen ja effizient arbeiten und nicht im Chaos versinken; und dazu gehört einfach ein bisschen Übersichtlichkeit.

Sie haben nun im geöffneten LibreOffice insgesamt vier Möglichkeiten, um zum Beispiel die Datei mit der Planung für Ihre Sommerparty zu öffnen:

- Über die Menüleiste: Datei und zwar mit Öffnen oder zuletzt verwendete Dateien, falls sie in dieser Datei erst vor kurzem gearbeitet haben
- Über die Seitenleiste: Datei öffnen (hier geraten Sie in die sogenannte Baumstruktur des Explorers Ihres Betriebssystems, und Sie wissen hoffentlich noch genau, wo Sie die Datei abgelegt haben)
- Über die Arbeitsfläche in Ihrem LibreOffice-Starbildschirm, auf dem die Datei eventuell abgelegt ist
- Ohne vorab LibreOffice zu öffnen: über den Explorer Ihres Betriebssystems. Wenn Sie über diesen Weg die Party-Datei anklicken, wird LibreOffice automatisch geöffnet (wie auch jede andere Datei, die mit LibreOffice erstellt wurde oder auch fremde Dateien, die Sie z.B. als Email-Anhang erhalten haben).

Menüleiste

Am oberen Bildschirmrand, quer über der gesamten Bearbeitungsfläche, befindet sich die Menüleiste.

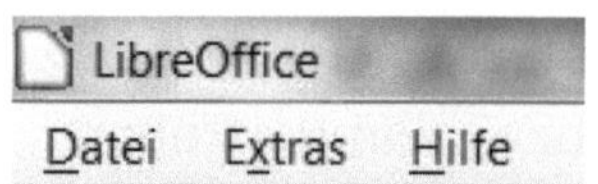

Auf der LibreOffice-Startseite sehen Sie nur drei „Reiter" (vergleichbar mit einer Hänge-Registratur, falls die noch jemand kennt), hinter denen sich jeweils ein Drop-down-Menü mit weiteren Funktionen verbirgt.

Unter Datei können Sie ein neues Dokument oder ein bestehendes öffnen, Extras eröffnet Ihnen Möglichkeiten zum individuellen Einstellen Ihrer LibreOffice-Version (Aussehen der Arbeitsoberfläche, Bearbeitungsregeln usw.) und unter Hilfe finden Sie zum Beispiel Informationen über die Version von LibreOffice, die Sie gerade nutzen.

Die Seitenleiste

Beim allerersten Start nach der Installation können Sie auf der großen grauen Fläche lesen:

> Verwenden Sie die die Seitenleiste, um ein Dokument zu öffnen oder zu erstellen.

So sollte die Seitenleiste auch bei Ihnen aussehen:

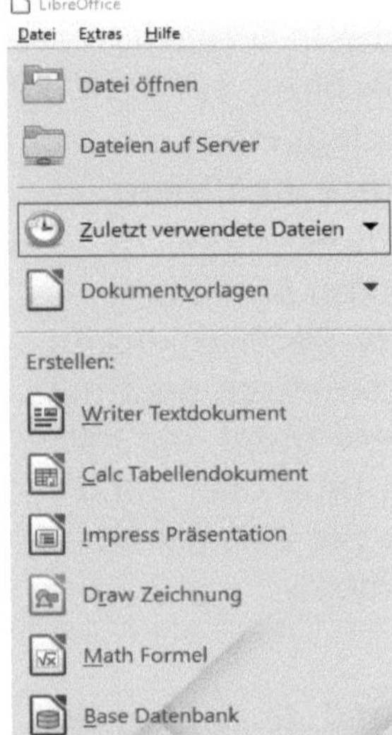

Seit LibreOffice-Version 5.1.0.3 gibt es auch die Möglichkeit, Dateien direkt in einer Cloud, also auf einem externen Server, zu speichern bzw. von dort oder einem anderen Ort im Internet zu öffnen (DATEIEN AUF SERVER).

■ Hilfe und Extensions

Links unten auf dem Startbildschirm finden Sie zwei Buttons; einen mit der Bezeichnung HILFE und einen mit der Bezeichnung EXTENSIONS Ein Klick darauf, und Sie landen bei geöffneter Internetverbindung auf der Internetseite von LibreOffice.

Über den HILFE-Button (und ebenso mit einem Klick auf die F1-Taste oder das Icon RETTUNGSRING gelangen Sie auf die LibreOffice-Hilfe-Seite,, entweder online auf der Internetpräsenz von LibreOffice:

Oder offline in das *Hilfe-Startcenter* für LibreOffice auf Ihrem PC.

Die Offline-Hilfe-Bibliothek müssen Sie sich wie die Libre-Office-Software herunterladen und auf dem PC installieren. Wie das geht, beschreibe ich ebenfalls im letzten Kapitel *Download und Installation.*

In der LibreOffice-HILFE befindet sich die grundlegende Anleitung für LibreOffice, die Ihnen durchaus behilflich sein kann - vorausgesetzt, Sie wissen, wo Sie suchen müssen. Innerhalb der einzelnen Komponenten von LibreOffice (Writer, Calc usw.) können Sie jederzeit die für diese Komponenten ausgelegte Hilfe-Seite von LibreOffice aufrufen.

Der *Ersten Hilfe* habe ich ein eigenes Kapitel ein paar Seiten weiter gewidmet – *Hilfe hier und jetzt.*

Extensions

Über den Extensions-Button erreichen Sie sofort den Abschnitt der Internetseite von LibreOffice, auf der Ihnen sogenannte *Extensions* angeboten werden. Zitat LibreOffice:. *Extensions sind Softwareerweiterungen, die Sie zusätzlich zur Standardinstallation von LibreOffice installieren können und die dem Paket zusätzliche Funktionen hinzufügen, für eine einzelne Anwendung (Writer, Calc, Impress, ...) oder für alle Anwendungen gemeinsam.*

Sie finden hier zum Beispiel verschiedene Sprach-Werkzeuge, Farbpaletten, Clipart-Galerien, die Sie herunterladen und in ihrem LibreOffice-Programmpaket installieren können.

Auf der Onlineseite werden die Kategorien der Extensions nur in Englisch angeboten. Hat man aber eine Extension ausgewählt durch Klick auf den Titel, kann man auf der sich dann öffnenden Seite unter *Project discription* (Projektbeschreibung) oftmals die Sprache auswählen.

Wie können Sie nun Erweiterungen in Ihr LibreOffice integrieren? Das geht so:

Sie sind also bereits über den EXTENSIONS-BUTTON auf die entsprechende Internetseite gelangt und haben dort den Reiter EXTENSIONS angeklickt.

Ich habe mir aus der Online-Liste *Browse Extensions by Category*, die Auswahl *Gallery Contents* ausgesucht, die mir viele Grafik-Vorlagen bietet:

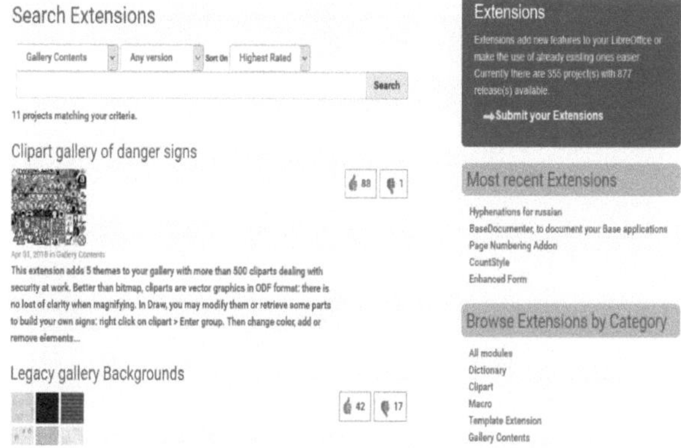

Hier interessiert mich gleich die *Clipart gallery of danger signs*, also die Datei mit den Gefahrenzeichen – wer weiß, wofür man die noch mal gebrauchen kann!

Klicken Sie nun auf die Überschrift der gewünschten Erweiterung; Sie gelangen umgehend auf die Beschreibung. Scrollen Sie die Seite hinunter bis zu

Ein dicker, grüner Pfeil nach unten markiert die Downloadmöglichkeit!

Nachdem Sie diesen Schriftzug angeklickt haben, wird Ihnen die Auswahlmöglichkeit gegeben zwischen DATEI SPEICHERN oder MIT LIBREOFFICE ÖFFNEN?

Bitte wählen Sie MIT LIBREOFFICE ÖFFNEN.

Kurz darauf erscheint:

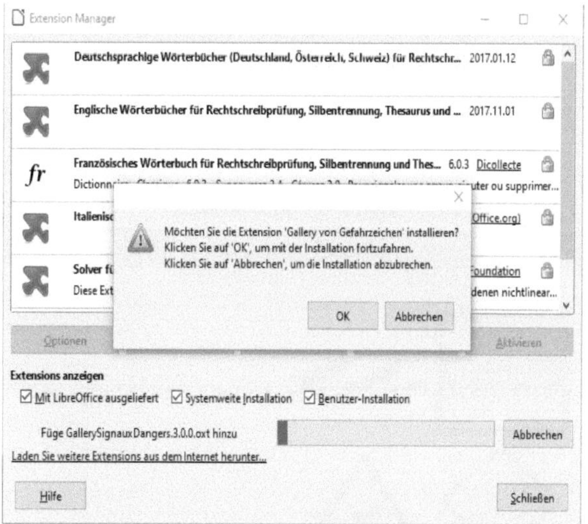

Wir wollen natürlich diese Extension installieren, damit wir es nutzen können. Also OK anklicken. Nach der Installation schließen Sie den Extension Manager.

Nun kommt noch der Hinweis, dass Sie LibreOffice neu starten müssten, damit die Extension auch richtig funktioniert. Klicken Sie also JETZT NEU STARTEN an:

Aber wo ist jetzt die Gefahrzeichen-Datei geblieben, wie kann ich sie öffnen?

Ganz einfach:

Wenn Sie jetzt eine LibreOffice-Datei öffnen oder über die Seitenleiste eine Komponente, dann suchen Sie auf dem sich öffnenden Bildschirm dieses Icon (Symbolbild) – Sie finden es meistens am rechten Bildrand:

Es ist das Zeichen für die *Galerie*, in der Sie Cliparts, Aufzählungszeichen, Hintergründe und nun auch die Gefahrzeichenliste finden und auswählen können.

Das sieht dann so aus:

Wenn Sie ein Bild der *Galerie* (oder engl. „Gallery") nutzen wollen, klicken Sie es einfach an, halten Sie die linke Maustaste gedrückt und ziehen Sie es auf das Dokument, das Sie gerade bearbeiten.

Ein weiterer Klick auf die *Entf*-Taste (oder *Del*-Taste) auf Ihrer Tastatur entfernt das Bildchen wieder aus Ihrem Dokument; nicht aber natürlich aus der Galerie.

LibreOffice Vorlagen

Im oberen Bereich der Seitenleiste finden Sie den Button DOKUMENTVORLAGEN. Schauen Sie ruhig mal rein!

Beim Download von LibreOffice wurden Ihnen schon ein paar Vorschläge zur Gestaltung von Präsentationen, Geschäftsbriefen und anderen Dokumenten geschenkt. Sie können nun diese Schublade nutzen, um selbst weitere Vorlagen zu erstellen und hier, in der *Vorlagenverwaltung,* abzulegen.

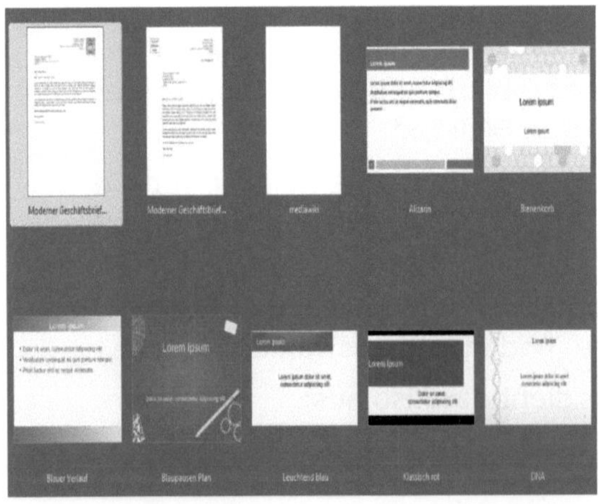

Oder Sie klicken sich auf der LibreOffice-Internetseite durch die vielen dort angebotenen Vorlagen.

Dafür können Sie wieder den EXTENSIONS-Button benutzen.

Klicken Sie nun auf TEMPLATES (das ist die englische Bezeichnung für Vorlagen), und auf der dann folgenden Seite haben Sie die Qual der Wahl.

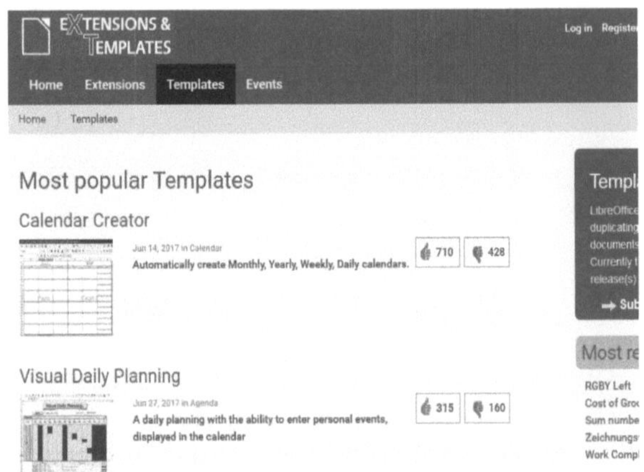

Leider ist die sich anschließend öffnende Seite auch nur in englischer Sprache verfügbar, aber wenn Sie sich durch das Menü der Angebote arbeiten, werden Sie auf die eine oder andere Vorlage auf Deutsch stoßen, wie zum Beispiel auf diese hier:

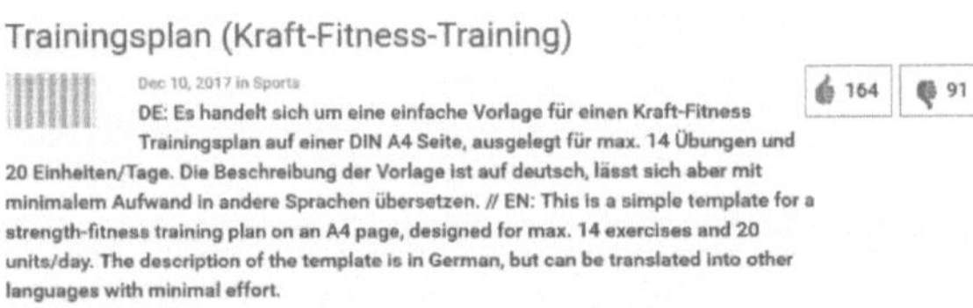

Schauen wir mal, wie wir diese Vorlage in unseren Vorlagenordner bekommen!

Sie klicken also wieder (wie beim Download der Extensions) die grüne Überschrift an und geraten auf die Seite mit der Beschreibung der Vorlage.

Auch hier scrollen Sie wieder auf der Seite so weit herunter bis Sie zum grünen Download-Pfeil gelangen.

Den klicken Sie natürlich an, wenn Sie diese Vorlage in Ihrem LibreOffice nutzen wollen.

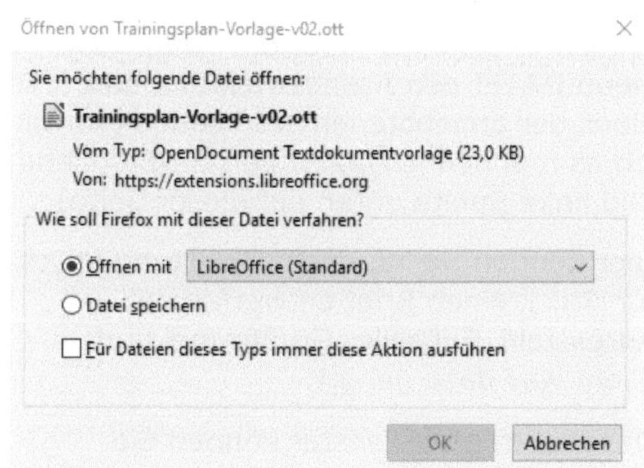

Nun noch ÖFFNEN MIT ... LIBREOFFICE (STANDARD) anklicken.

Es öffnet sich automatisch ein LibreOffice-Writer-Dokument mit dem Dateinahmen *Unbekannt1.*

Da Sie Vorlage nun ja auch zukünftig zur Verfügung stehen soll, müssen Sie sie noch in Ihre Vorlagendatei integrieren.

Wählen Sie in der oberen Menüleiste DATEI, anschießend DOKUMENT-VORLAGEN und dann ALS VORLAGE SPEICHERN:

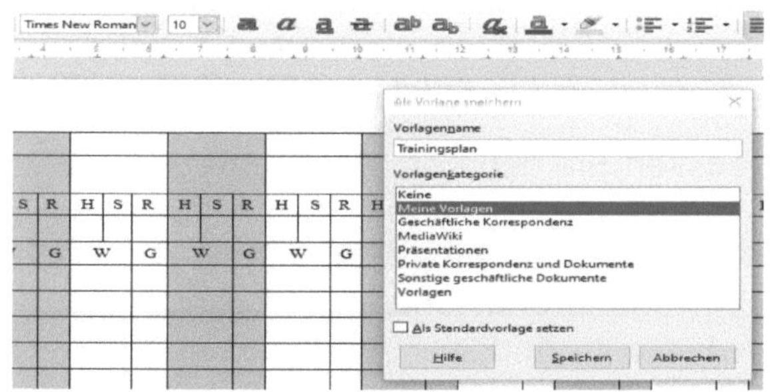

Als Dateinamen habe ich *Trainingsplan* übernommen und den bei mir bereits vorhandenen Ordner *meine Vorlagen* dafür gewählt. Jetzt noch auf SPEICHERN klicken, und das war´s.

Beim nächsten Öffnen des Vorlagen-ordners finden Sie nun diese Datei zum weiteren Bearbeiten wieder.
Um später mit einer Vorlage zu arbeiten, öffnen Sie die ausgewählte Vorlagendatei vom Starbildschirm aus mit einem Klick auf DOKUMENTVORLAGEN und anschließend mit einem Doppelklick auf das Vorschaubild der gewünschten Datei.

> Oder Sie öffnen die Vorlage über den Shortcut [Strg]+[Umschalttaste]+[n] bzw. wenn Sie sich zum Arbeiten bereits in einer der Komponenten *Writer, Calc* usw. befinden, über DATEI | DOKUMENTVORLAGEN | VERWALTEN.

In diesen beiden Fällen öffnet sich die Vorlagenverwaltung, aus der Sie dann die gesuchte Vorlage auswählen können.

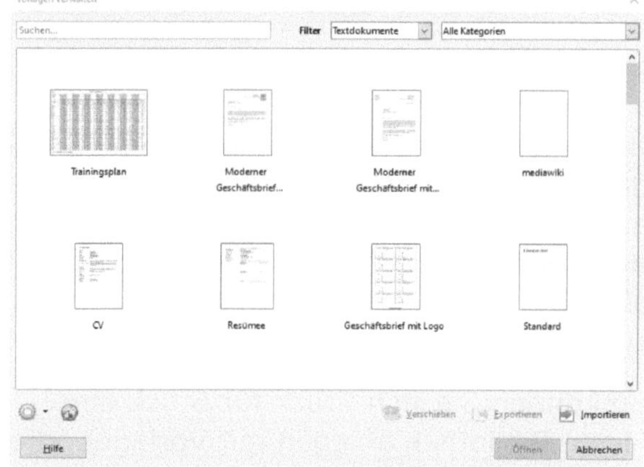

Nachdem Sie eine Vorlage zum Bearbeiten geöffnet haben und diese so geändert haben, wie Sie es jetzt gerade benötigen, müssen Sie sie natürlich als neue Datei speichern.

Das können Sie wieder über die Menüleiste mit DATEI und anschließend SPEICHERN UNTER. Suchen Sie sich den Speicherort, zu dem die neue Datei gehören soll und geben Sie ihr einen aussagekräftigen Namen. Also nicht nur Brief sondern Brief an Lena wegen Urlaub, den Sie vielleicht später noch zu Ende schreiben wollen.

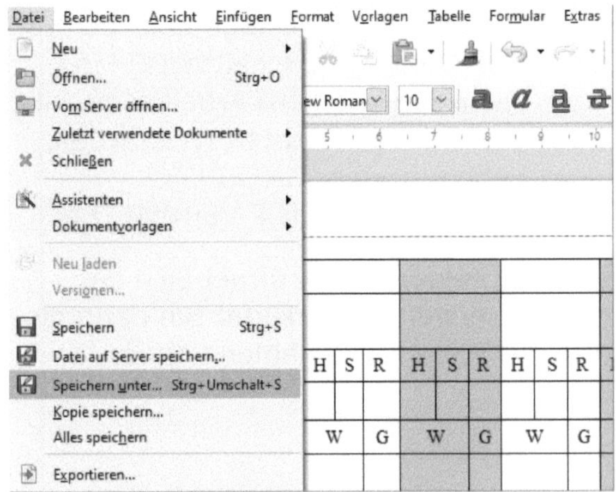

Und jetzt kommt der Clou: Die Vorlagendatei, die Sie vorher zum Bearbeiten ausgewählt hatten, ist nach wie vor in unveränderter Form im Vorlagenordner abgelegt. Bereit für den nächsten Aufruf zum Bearbeiten.

So können Sie sich Stück für Stück eine kleine Bibliothek anlegen mit Vorlagen, die Sie immer wieder benötigen und sich damit eine ganze Menge Arbeit mit neu Formatieren, neue Formeln einfügen usw. sparen. Toll, nicht?

Assistenten

Ab und zu braucht man ja mal jemanden, der einen unterstützt und einem die richtigen Werkzeuge auf dem Tablett präsentiert.

LibreOffice hat dafür extra einen Assistenten eingestellt!

So können Sie seine Angebote nutzen:

Zunächst müssen Sie ein neues (Text-, Tabellen-, ...)Dokument öffnen.

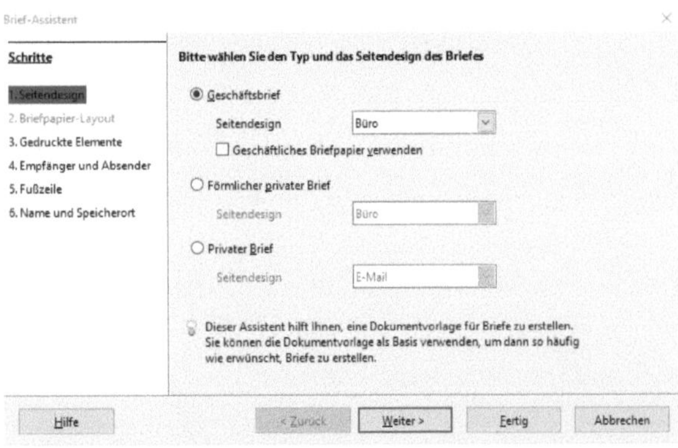

Wählen Sie danach über das Drop-Down-Menü DATEI den ASSISTENTEN und dort eines der angebotenen Werkzeuge (so will ich es mal nennen), z.B. den BRIEF (siehe Bild linke Spalte unten auf dieser Seite):

Hier können Sie nun nach Anleitung Stück für Stück einen Brief entwerfen mit Adressfeld, Fußzeile, Grußformel und allem was dazu gehört.

Das *Assistenten-Fenster* können Sie übrigens verschieben, indem Sie mit der linken Maustaste in dessen oberen Rahmen fahren, die Maustaste gedrückt halten, und die Maus gleichzeitig bewegen. Dahinter verbirgt sich das gerade bearbeitete Dokument, und nun können Sie beobachten, was passiert, wenn Sie die verschiedenen Wahlmöglichkeiten ausprobieren.

Nachdem Sie alles so eingerichtet haben, wie es Ihnen gefällt (Sie können später auch noch weitere manuelle Änderungen vornehmen), klicken Sie weiter bis zu Punkt 6 NAME UND SPEICHERORT. Vergeben Sie einen markanten Namen und drücken Sie FERTIGSTELLEN.

Lassen Sie den vom Assistenten vorgeschlagenen Speicherort bestehen – dann landet diese Datei im Vorlagenordner und ist von Ihnen gut wieder auffindbar.

Hilfe hier und jetzt

Nach der Installation von LibreOffice sollten Sie unbedingt auch die Offline-Hilfe-Datei herunterladen und installieren. Wie das geht, finden Sie im Kapitel *Download und Installation* ganz hinten in dieser Ausgabe, denn Hilfe hat wahrscheinlich jeder irgendwann einmal nötig, trotz Anleitung und trotz (oder wegen) guter Ratschläge von netten Familienmitgliedern und Kollegen.

Wenn Sie also mitten in der Arbeit Ihres Projektes sind und nicht weiter wissen mit einer Formatierung oder wie man z.B. eine Datei einfügt können Sie sofort die Hilfe von LibreOffice fragen.

Klicken Sie in der oberen Menüleiste des geöffneten Dokuments das Wort HILFE an und weiter zu LIBREOFFICE HILFE. So oder über die F1-TASTE auf der Tastatur gelangen Sie zu einem umfangreichen Software-Handbuch, dass meiner Ansicht nach recht brauchbar ist:

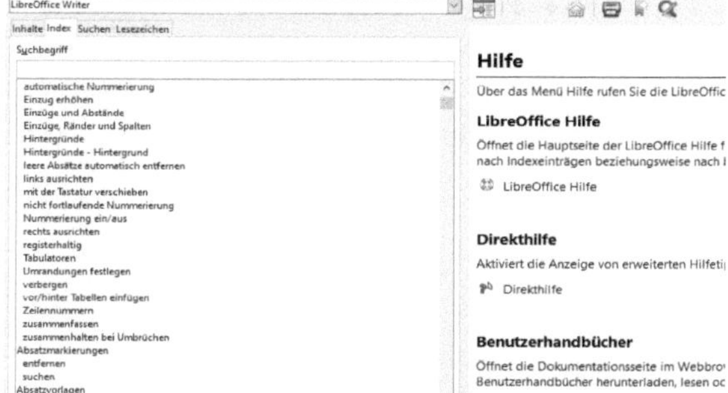

Die Überschrift des Hilfe-Ordners zeigt Ihnen an, aus welchem Bereich Ihnen gerade die Hilfethemen angezeigt werden (also Writer, Calc etc.). Darunter befindet sich noch ein Fenster mit gleichem Inhalt mit einem kleinen Pfeil rechts daneben. Über diesen Pfeil können Sie ganz schnell die LibreOffice-Komponente auswählen über die Sie etwas wissen möchten.

Im eigentlichen Hilfebereich sehen Sie links 4 Tabs bzw. Reiter mit den Bezeichnungen INHALT, INDEX, SUCHEN UND LESEZEICHEN.

Inhalte

Hier finden Sie das hauptsächliche Inhaltsverzeichnis der Hilfe in Form einer Baumstruktur. Was das bedeutet, sehen Sie, wenn Sie mit einem Doppelklick auf ein Wort des „Stammes" gehen. Dann erweitert sich dieses um einen langen „Ast"; und wieder auf einen Begriff des Astes geklickt, gelangen Sie auf die kleinen „Zweige".

Index

Im Index finden Sie in alphabetischer Reihenfolge alle Stichpunkte zu den Funktionen von LibreOffice.

Suchen

Falls Sie im Inhalt oder Index nicht gefunden haben, wonach Sie suchten, können Sie hier direkt Ihren Suchbegriff eingeben. Es werden nun alle Stichpunkte aufgeführt, in denen dieser Suchbegriff vorkommt.

Lesezeichen

Wenn Sie nun endlich fündig geworden sind und das Kapitel oder Stichwort für sich notieren wollen, gehen Sie wie folgt vor: Im Baum mit einem Doppelklick markieren, damit sich auf der rechten Seite das Kapitel öffnet bzw. die Erläuterung zu Ihrem gefundenen Stichwort erscheint.

Dann das Icon LESEZEICHEN HINZUFÜGEN in der oberen Menüleiste anklicken und das Stichwort geht Ihnen nie wieder verloren!

> Den gesamten linken Bereich des Hilfe-Fensters nennt man übrigens auch *Navigationsbereich*.

Der rechte Bereich zeigt Ihnen jeweils die ausführlichen Erläuterungen zu den gewählten Stichpunkten oder Kapiteln.

Auch dieser rechte Bereich enthält wieder Stichpunkte, die diesmal allerdings nur mit einem Einfachklick zu weiterführenden Beschreibungen überleiten. Probieren Sie es in Ruhe aus!

Natürlich können Sie die gefundenen und ausgewählten Textpassagen auch separat drucken um sie dann jederzeit parat zu haben. Wählen Sie hierzu das DRUCKER-SYMBOL, das sich ebenfalls in der oberen Menüleiste befindet.

Eines noch: Die Hilfe-Funktion können Sie direkt aus jeder LibreOffice-Komponente heraus aufrufen und dann Ihre Fragen direkt eingeben.

Direkthilfe

Öffnen Sie innerhalb eines LibreOffice-Dokuments in der oberen Menüleiste im Drop-Down-Menü HILFE den Punkt DIREKTHILFE, erscheint neben dem Curser (Mauszeiger) ein Fragzeichen. Beim langsamen Führen des Cursers über die Bildschirmoberfläche werden direkte Erklärungen der Teile des aktiven Bildschirms sichtbar.

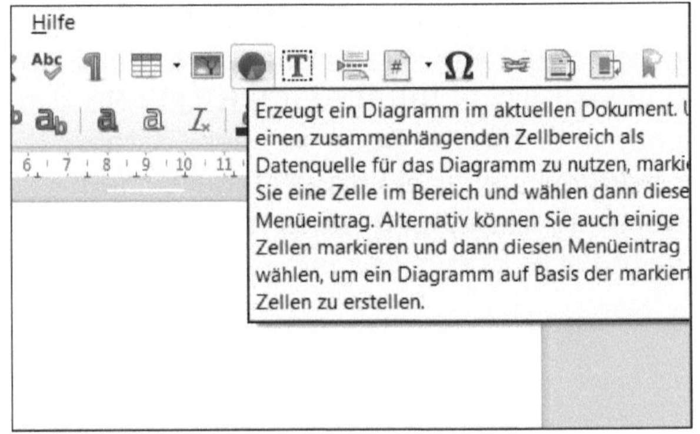

Erfolgsplan mit LibreOffice Calc

- **So, genug der Vorrede – jetzt fangen wir mit Lenas Projekt an!**

Da Lena natürlich keinen Schiffbruch mit Ihrer Geschäftsidee erleiden möchte, habe ich ihr geraten, sich zunächst einen Überblick über ihre persönlichen Einnahmen und vor allem die Ausgaben zu machen. Und was eignet sich besser dazu als eine Tabelle?!

Also: Auf dem Desktop LibreOffice öffnen und danach CALC TABELLENDOKUMENT anklicken. Es erscheint der Bearbeitungsbildschirm *LibreOffice Calc*.

Bitte sehen Sie sich zunächst wieder erst einmal auf der neuen Oberfläche um, klicken Sie das eine oder andere Drop-Down-Menü und Symbol an und benutzen Sie auch hier auf jeden Fall die Erklärungen der *Direkthilfe*.

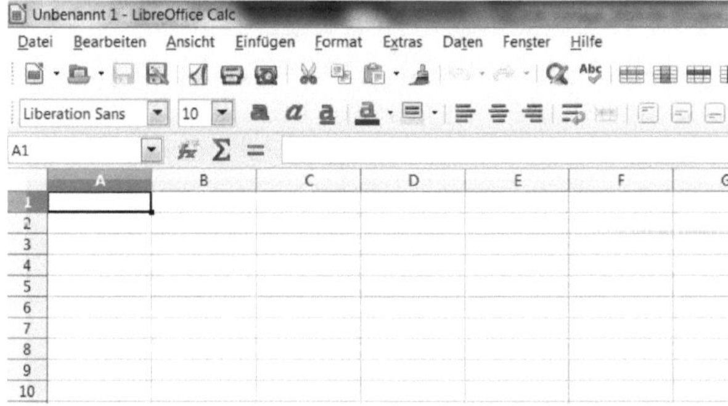

Tabellen

Neben den Menüleisten und der Tabelle, in die wir gleich ein paar Daten eingeben wollen, sehen Sie am unteren Rand einen Tab (Reiter) mit der Bezeichnungen *Tabelle1* und einem Plus-Zeichen davor. *Tabelle 1* ist also schon vorhanden, und mit dem *Plus-Zeichen* können wir weitere neue Tabellen erzeugen, die dann im gleichen Ordner wie Tabelle 1 gespeichert sind.

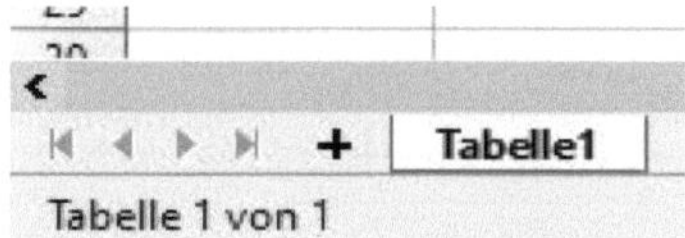

Die Namen der Tabelle kann man mit einem Doppelklick auf den Tab ändern.

Es erscheint ein neues Fenster mit Namen *Tabelle umbenennen.* Versuchen Sie es gleich einmal, indem Sie *Tabelle1* in *Ausgaben privat* umbenennen.

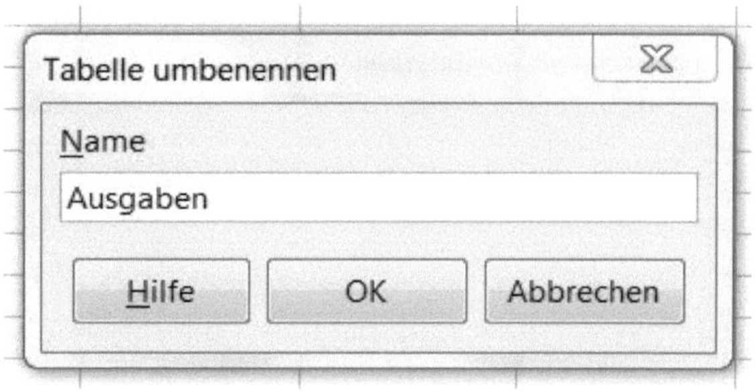

Weitere Tabellen können Sie anlegen, in dem Sie auf des +-Zeichen neben *Tabelle1* klicken oder indem Sie den Mauszeiger auf einen Tab führen und auf die rechte Maustaste klicken. Es öffnet sich ein so genanntes Kontextmenü. Wählen Sie TABELLE EINFÜGEN aus, und Sie bekommen eine Abfrage wo z.B. die Tabelle platziert werden und wie der Name sein soll. Schauen Sie sich auch die anderen Varianten des Kontextmenüs an! Oder Sie können in der Menüleiste TABELLE auswählen und hier das Symbol für TABELLE EINFÜGEN nutzen.

Bevor wir nun anfangen mit Lenas Tabelle möchte ich Ihnen noch ganz kurz einen Überblick über die Bezeichnungen geben, die für das Arbeiten mit Tabellen wichtig sind:

Zellen

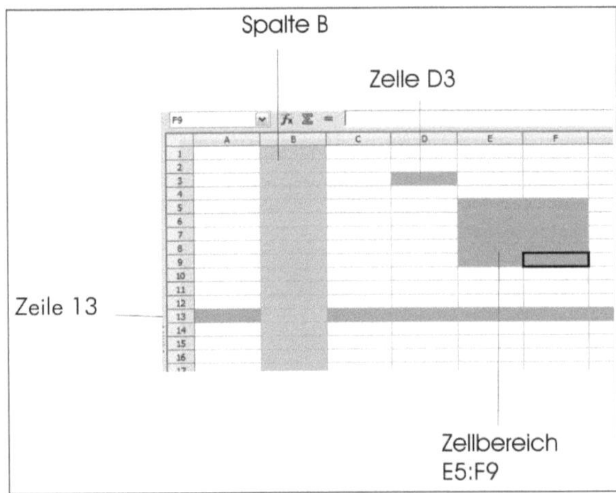

Um beschreiben zu können, in welche Zelle bestimmte Daten gesetzt werden sollen, bzw. um die Beziehungen der Zellen untereinander eindeutig bestimmen zu können, wurde jeder einzelnen oder auch ganzen Zellbereichen wie bei einem Schachbrett ein eindeutiger Name (D3, F15 etc.) gegeben.

Will man eine Reihe oder einen ganzen Zellblock benennen, nimmt man den Doppelpunkt zu Hilfe. Für: alle Zellen von B1 bis B15 schreibt man kurz: B1:B15.

Auch für die einzelnen Zellen steht wieder ein Drop-Down-Menü zur Verfügung, das man mit Klick auf die rechte Maustaste Über der der entsprechenden Zelle öffnen kann. Probieren Sie es in Ruhe aus!

Hier können Sie schnell die Art der Daten (Datum, Kommastellen der Zahl etc.) und die Darstellung (Farbe, Schriftart, Hintergrundfarbe und vieles mehr) entsprechend Ihren Vorstellungen anpassen (= Menüpunkt ZELLEN FORMATIEREN).

Lenas erste Tabelle

Lena hat sich nun ihre Kontoauszüge hervorgeholt, um sich zu notieren, was sie eigentlich wofür ausgibt. Leider musste sie dabei feststellen, dass die Zahlungen in sehr unterschiedlichen Zeiträumen anfallen (monatlich, jährlich,...). Hier zunächst die Eingaben, die Lena in ihre Tabelle gemacht hat: (zur Übung sollten Sie alles so übernehmen)

Tabellen erstellen und bearbeiten

	A	B	C	D	E	F	G	H
1	**Ausgaben**							
2								
3	Name:	Lenas Privatausgaben						
4								
5			**Periode**					
6	**Bezeichnung**	**Gesamtbetrag**	**täglich**	**wöchentlich**	**monatlich**	**vierteljährlich**	**halbjährlich**	**jährlich**
7	Miete, Heizung, Nebenkosten	350,50 €			350,50 €			
8	Strom	56,00 €			56,00 €			
9	Telefon, Internet	39,90 €			39,90 €			
10	Kabel-TV	17,50 €			17,50 €			
11	Lebensmittel, Getränke	10,00 €	10,00 €					
12	Reinigungsmittel, Haushalt	20,00 €			20,00 €			
13	PKW Benzin	100,00 €			100,00 €			
14	PKW Steuer	175,00 €						175,00 €
15	PKW Versicherung	350,00 €						350,00 €
16	Privathaftpflicht	140,00 €						140,00 €
17	Hausratversicherung	85,00 €						85,00 €
18	Riester-Rente	80,00 €			80,00 €			
19	Kleidung	150,00 €			150,00 €			
20	Ausgehen, Kino	50,00 €		50,00 €				
21	Bücher, DVDs etc.	25,00 €		25,00 €				
22	Sparen für Urlaub etc.	150,00 €			150,00 €			

Geben Sie als erstes in die oberen Zeilen der Tabelle eine griffige Überschrift und Beschreibung ein. Wenn Sie sie später einmal ausdrucken oder jemandem anderen per Email zusenden möchten, soll ja erkennbar sein, worum es sich bei den weiter unten stehenden Berechnungen handelt.

In Zeile 6 schreiben Sie dann die Überschriften für die einzelnen Spalten und in die Zeilen 7 bis 22 der Spalte A die entsprechenden Bezeichnungen der Ausgaben (dies ist natürlich nur eine Übung zum Veranschaulichen; Sie können sich Ihre eigene Tabelle anschließend so gestalten, wie Sie sie benötigen).

Geben Sie dann die Beträge in die einzelnen Zellen der Spalten B bis H ein.

> Falsche Eingaben sind übrigens schnell behoben: Sie können fast alles rückgängig machen (oder gelöschtes wiederherstellen) und zwar, indem Sie auf den LINKEN ODER RECHTEN KLEINEN GEBOGENEN PFEIL in der Menüleiste klicken

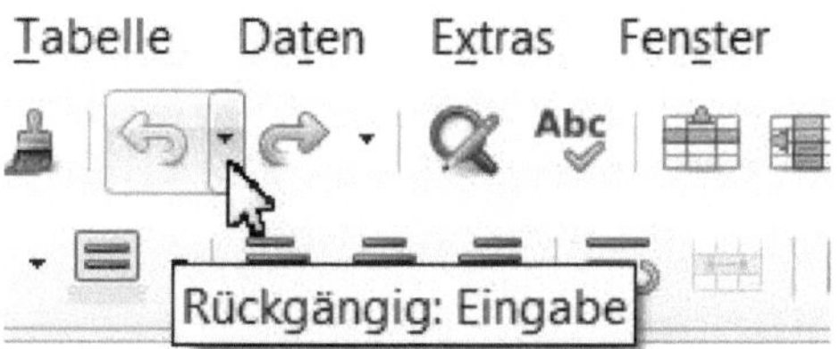

Aber was ist jetzt bei der Eingabe der Zahlen passiert? Sie wollten doch Beträge in Euro haben!

Keine Panik: Die Tabelle hat zunächst erst einmal eine Grundformatierung, das heißt, die einzelnen Zellen haben eigentlich gar kein bestimmtes, sondern ein recht neutrales Format. Deshalb ist der Hintergrund auch weiß und die Schriftart „Arial 10 - nicht fett, nicht kursiv", es gibt keine Rahmenlinien usw.

Das wollen wir jetzt ändern!

Zunächst sollten Sie allerdings die Zelle, bzw. den Zellbereich markieren, den Sie formatieren möchten (mehrere benachbarte Zellen mit gedrückter Maustaste „überfahren").

> In LibreOffice gibt es insgesamt fünf Methoden zum Formatieren (suchen Sie sich diejenige aus, mit der sie am besten arbeiten können):

- In der Menüleiste wählen Sie das Drop-Down-Menü FORMAT und anschließend das, was Sie formatieren möchten (in diesem Fall die Zelle).
- Sie nutzen den Shortcut [Strg]+[1] (also die Tasten Strg und 1 gleichzeitig drücken)
- Sie nutzen die Auswahlmöglichkeiten der Symbolleiste (das sind die vielen kleinen Bildchen unterhalb der Menüleiste) – fahren Sie einmal mit der Maustaste darüber und warten Sie bei jedem Icon einen kurzen Moment; es erscheint dann eine kurze Beschreibung der Funktion, die Sie mit einem Klick auf das Symbol auslösen würden.
- Sie nutzen die Möglichkeiten des Seitenfensters *Eigenschaften,* das sich öffnet, wenn Sie in der rechten Menüleiste auf den SCHRAUBENSCHLÜSSEL klicken.
- Und zu guter Letzt können Sie natürlich wie fast immer mit der rechten Maustaste das KONTEXTMENÜ ausrollen, wenn sie sich mit dem Mauszeiger über der zu formatierenden Zelle befinden. (Diese Möglichkeit benutze ich meistens, da ich dann genau im Blick habe, was ich formatiere.)

Zahlenformat

Na, und haben Sie beim Ausprobieren die Formatierung für die Euro-Währung gefunden?

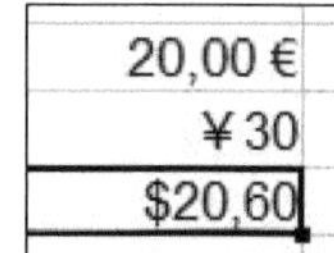

Mit einem Klick auf den Münzstapel können Sie einen Berg von Euro zaubern; wenn Sie aber über das Kontextmenü direkt in die Formatierung gehen, können Sie sich alle erdenklichen Währungszeichen aussuchen:

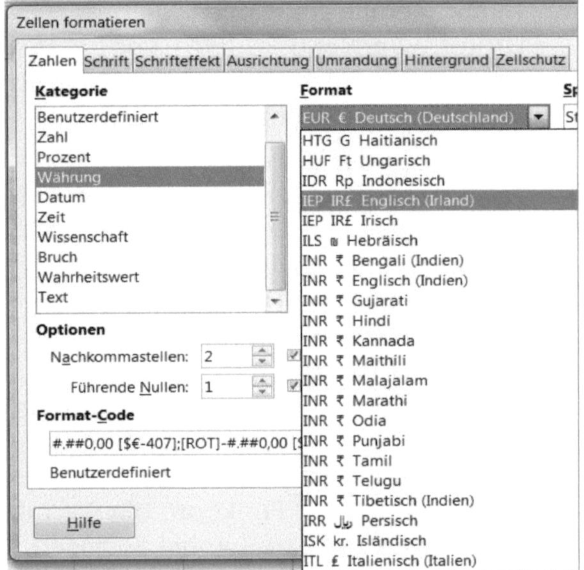

Und hier können Sie auch das generelle Format der Zelle auswählen, wie z.B. TEXT, DATUM oder wie in unserem Fall halt WÄHRUNG.

Rechner sind halt zunächst erst einmal etwas dumm und auf die Anweisung des Benutzers angewiesen. Ohne konkrete Vorgaben wissen sie nicht wirklich, was sie da eigentlich tun sollen.

Markieren Sie die neben- und untereinanderliegenden Zellen, die in Euro eingetauscht werden sollen im Block und wandeln Sie die nichtssagenden Zahlen in aussagekräftige Eurobeträge um.

Fertig? Gut, dann geht`s weiter.

Farbe

Und nun kommt Farbe ins Spiel!

> Alle Methoden zur Formatierung der eingegebenen Zahlen können Sie auch für die Farbgestaltung, Schriftart, Rahmengestaltung usw. anwenden.

Spielen Sie einfach ein bisschen herum, bis Sie das passende Aussehen für sich (für Ihre Tabelle) gefunden haben.

Zellen anpassen

Vielleicht ist Ihnen aufgefallen, dass die Breite der Zellen (manchmal auch die Höhe) nicht für das, was Sie eingegeben haben, ausreicht. Sie erkennen an einem kleinen roten Pfeil, wenn sich ein Teil des Zellinhalts versteckt hat!

Dann können Sie einfach die Spalte oder Zeile, in der sich diese Zelle befindet, anpassen:

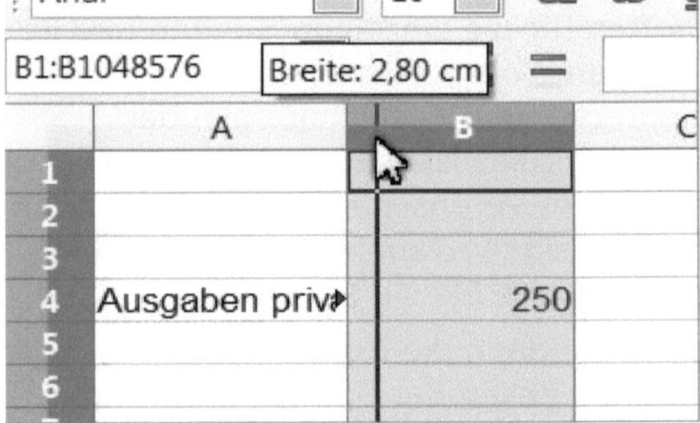

Gehen Sie mit der Maustaste im Bereich der Spaltenüberschrift oder Zeilennummerierung genau zwischen zwei Felder, drücken Sie die linke Maustaste, halten Sie sie gedrückt und ziehen Sie die Maus gleichzeitig nach rechts oder links bzw. hoch oder runter. Damit verkleinern oder vergrößern Sie die Spalte oder Zeile.

Über das KONTEXTMENÜ der Spalte oder Zeile (im jeweiligen Spaltenkopf bzw. der Zeilennummer) finden Sie eine Funktion für die optimale Breite oder Höhe.

Berechnungen und Formeln

Nun hätten Sie die ganzen Eingaben, die wir bislang getätigt haben, mit etwas Formatierungsgeschick auch in einem Textdokument wie *Writer* darstellen können.

Wir wollen aber mehr – wir wollen mit den Zahlen rechnen! Denn Lena möchte ja wissen, wie hoch ihre monatlichen Ausgaben sind, um zu sehen, was sie mindestens an Einnahmen erzielen muss.

Zellverknüpfungen und Formeln müssen her! Und hier müssen Sie auch Ihre Mathematikkenntnisse hervorkramen – es nutzt nichts!

> Damit Sie sehen, was ich zur Berechnung eingegeben habe, habe ich die Formeln sichtbar gemacht. Das geht übrigens über den Tab EXTRAS in der Menüleiste, dann OPTIONEN, auf das + bei *LibreOffice Calc* klicken und unter ANSICHT und weiter ANZEIGE finden Sie verschiedene Kästchen, die Sie anhaken können. Unter anderem auch ein Kästchen für FORMELN.

Wenn Sie dann das Optionen-Fenster wieder schließen, sehen Sie genau, welche Berechnung sich hinter einer Zelle verbergen:

	Periode						
Gesamtbetrag	**täglich**	**wöchentlich**	**monatlich**	**vierteljährlich**	**halbjährlich**	**jährlich**	**= pro Monat**
350,50 €			350,50 €				=E7
56,00 €			56,00 €				=E8
39,90 €			39,90 €				=E9
17,50 €			17,50 €				=E10
10,00 €	10,00 €						=C11*365/12
20,00 €			20,00 €				=E12
100,00 €			100,00 €				=E13
175,00 €						175,00 €	=H14/12
350,00 €						350,00 €	=H15/12
140,00 €						140,00 €	=H16/12
85,00 €						85,00 €	=H17/12
80,00 €			80,00 €				=E18
150,00 €			150,00 €				=E19
50,00 €		50,00 €					=D20*52/12
25,00 €		25,00 €					=D21*52/12
150,00 €			150,00 €				=E22
							=SUMME(I7:I22)

Wenn Sie aber nur eine einzelne Zelle betrachten möchten, genügt es, diese zu markieren, und Sie sehen den Inhalt direkt über der Spaltenbeschriftung neben dem Summenzeichen „Σ".

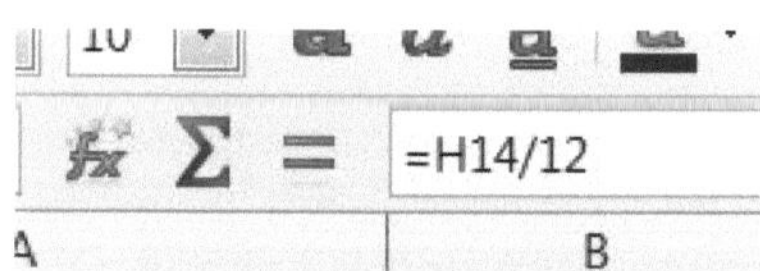

Nun werden hier ein paar Zeichen verwendet, die Ihnen für die Durchführung von Berechnungen unbekannt sind. Daher gebe ich Ihnen nun eine kurze Übersicht über die am meisten verwendeten und auf der Tastatur vorhandenen Zeichen:

/	= dividiert durch
*	= multipliziert mit
+	= Plus
-	= Minus
:	wird verwendet um einen Zellbereich von – bis zu beschreiben, also z.B. „die Summe der Zahlen in den Zellen von A1 bis A15 ist was?" wird geschrieben: =SUMME(A1:A15); siehe Beispieltabelle oben.

Will man zwei oder mehrere nicht zusammenhängende Zellbereiche z.B. Addieren, muss das Pluszeichen zwischen die Zellbezeichnungen gesetzt werden, also =SUMME(A1+A2+A15).

Schauen Sie sich die Formeln in der rechten Spalte von Lenas Tabelle einmal ganz genau an.

Kleine Erläuterung: Da Lena ja wissen möchte, wie hoch ihre Ausgaben pro Monat sind, müssen sie entsprechend angepasst werden. Monatliche Beträge können 1:1 in die letzte Spalte übernommen werden (also z.B. für die Miete: =B7). Bei den Lebensmittelkosten schätzt sie einen Aufwand von 10 Euro pro Tag (siehe C11). In der Summenspalte müssen wir diesen Betrag mit 365 Tagen multiplizieren und anschließend durch 12 Monate teilen.

Es handelt sich eigentlich um eine einfache Dreisatz-Rechnung, die aber hier nur etwas anders dargestellt wird, damit das Programm weiß, was es tun soll.

Zellen einfügen und löschen

Beim nochmaligen Durchsehen der Tabelle fiel Lena ein, dass sie ja noch eine vierteljährliche Spende an einen Verein per Dauerauftrag überweist – immerhin 30 Euro pro Quartal. Aber wohin jetzt damit, die Tabelle ist doch fertig, oder? Alles noch einmal eingeben?

Auch dafür gibt es eine einfache Lösung:

> Man kann komplette Spalten und Zeilen einfügen und auch löschen!

Markieren Sie unterhalb der Zeile, über der Sie eine neue einfügen möchten die Nummer der Zeilenbezeichnung oder rechts von der Spalte, neben der Sie eine neue einfügen möchten, den Buchstaben in der Spaltenbeschriftung.

Drücken Sie dann auf der markieren Zeilen- oder Spaltenbeschriftung die rechte Maustaste. Es erscheint wieder ein Kontextmenü mit entsprechenden Auswahlmöglichkeiten. Wählen Sie ZEILEN PBERHALB EINFÜGEN (das Symbol dafür finden Sie auch in der Symbolleiste).

Ein Klick auf dieses Symbol und eine ganz neue Zeile steht zum Ausfüllen bereit!

Umgekehrt funktioniert es genauso mit dem Löschen einer Zeile, die Sie nicht mehr haben möchten.

Ist Ihnen beim Einfügen etwas aufgefallen?

Die eingefügte Zeile hat in der ersten Spalte automatisch die Farbe der benachbarten Zellen übernommen, die neuen Zellen haben alle einen Rahmen und die Summe in Spalte „I" lautet nicht mehr „I7:I22" sondern nun „I7:I23". Das Programm ist also davon ausgegangen, dass die einzelnen Zellen der eingefügten Zeile genauso formatiert und behandelt werden sollen, wie die übrigen. Toll, nicht?

Leider hat das ganze einen Haken: Wenn Sie Zellen einfügen, und diese nicht genauso formatiert haben möchten, wie die benachbarten, müssen Sie sich genau anschauen, wie die einzelnen neuen Zellen an die Umgebung angepasst sind.

Sie können natürlich auch die Inhalte und Formatierungen einzelner Zellen löschen. entweder über das KONTEXTMENÜ, dass Sie mit der rechten Maustaste aufrufen oder mit der Taste [Entf] (Entfernen). Und auch wieder über die Menüleiste unter BEARBEITEN.

Arbeiten mit mehreren Tabellen

Nun möchte Lena aber die Tabelle als Entscheidungshilfe benutzen, und da fehlen doch noch einige Daten.

Sie legt sich noch zwei weitere Tabellen an (machen Sie es gleich nach) – eine mit der Bezeichnung Einnahmen privat und eine mit dem Namen Ausgaben Geschäft.

Da sie aber eigentlich die neuen Tabellen in der gleichen Form, wie die bereits bestehende erstellen möchte, zeige ich ihr einen Trick:

> Und der heißt: Kopieren!
>
> Man kann nämlich komplette Tabellen kopieren und anschließend bearbeiten und neu formatieren.

Und das geht so:

Klicken Sie mit der linken Maustaste in das leere Feld, wo sich Spaltenüberschrift und Zeilennummerierung treffen.

Die gesamte Tabelle färbt sich blau!

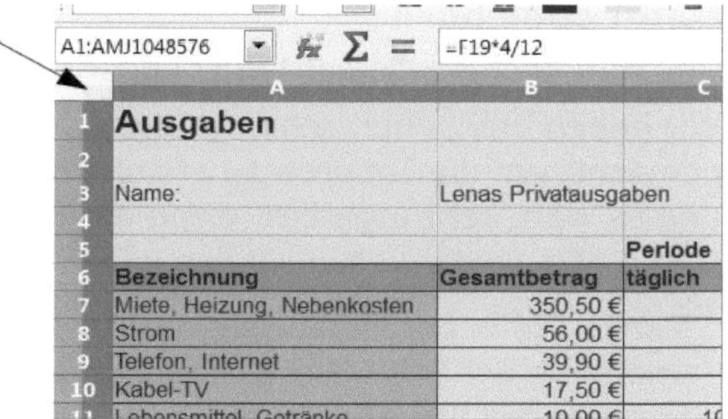

Nun können Sie mit der rechten Maustaste auf irgendeine Zelle klicken und im KONTEXTMENÜ KOPIEREN auswählen.

Klicken Sie nun auf den Reiter einer neu angelegten, leeren Tabelle, die sich daraufhin öffnet, und gehen Sie hier wieder in das leere Eckfeld oder auf die Zelle A1. Über das Kontextmenü, dass Sie wieder mit der rechten Maustaste öffnen (oder mit dem Shortcut [Strg]+[v] oder über die Menüleiste BEARBEITEN und dann EINFÜGEN oder über das Icon EINFÜGEN IN DER SYMBOLLEISTE oder ... (mehr fällt mir im Moment nicht ein). Fügen sie jetzt das ein, was Sie vorher kopiert haben – nämlich die komplette Tabelle *Ausgaben privat* einschließlich Farbe und Formeln.
Und da sich die Kopie noch im sogenannten Zwischenspeicher befindet, fügen Sie die Daten gleich auch noch in die andere neue Tabelle *Ausgaben Geschäft* ein – ohne vorher noch eine Kopie machen zu müssen.

Jetzt haben wir drei identische Tabellen mit unterschiedlichen Namen in einer Datei.

Die Zellinhalte können Sie ganz einfach ändern, indem Sie die entsprechende Zelle markieren und einen neuen Text, eine neue Zahl oder Formel einfügen. Der alte Inhalt wird dann gelöscht.

Möchten Sie wie Lena jetzt bis auf Farbe und Rahmen alles löschen, ist es sinnvoll, mit gedrückter linker Maustaste den gesamten Zellblock zu markieren. Dann die Maustaste loslassen und anschließend die rechte Taste drücken. Über das Kontextmenü können Sie jetzt INHALTE LÖSCHEN wählen. Es erscheint eine weitere Abfrage, in der Sie aufgefordert werden, zu entscheiden, was Sie genau löschen wollen. Überlegen Sie es sich gut! Damit können Sie sich viel zukünftige Ausfüllarbeit ersparen.

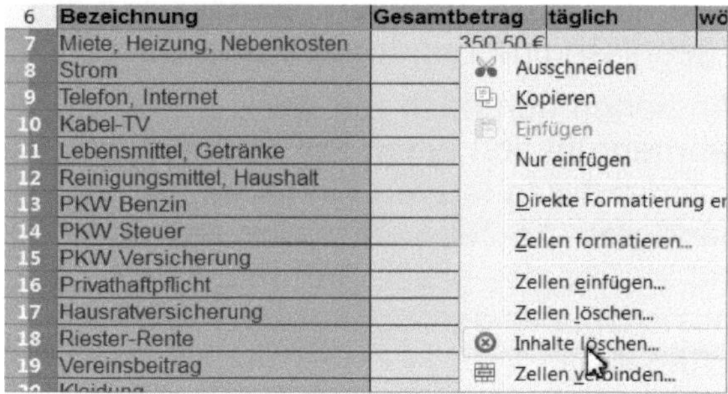

Z.B. lässt Lena natürlich die Formatierungen stehen, damit sie gleich weiter mit der Euro-Währung arbeiten kann.

Sie können alternativ auch die Taste [Entf], bzw. mit der englischen Bezeichnung [Del] benutzen - dann wird ebenfalls nur der Inhalt und nicht die Formatierung gelöscht.

In die Tabelle mit den Einnahmen trägt Lena nun ihr jetziges Nettoeinkommen aus ihrer Angestelltentätigkeit ein und in die Tabelle für ihr zukünftiges Geschäft die entsprechenden Ein- und Ausgaben.

Da sie das gebrauchte Spielzeug auf Kommission verkaufen möchte, hat sie hier zum Glück keinen Aufwand, aber doch für so einiges Andere!

Nun wollen wir die drei Tabellen zusammenführen. Dafür nutzen wir eine vierte Tabelle mit dem Namen *Gesamt.*

Als Tabellenüberschrift wählen wir natürlich die Bezeichnung Erfolgsplan gesamt; in die Zeilen darunter die Bezeichnungen der vorherigen Tabellen.

Damit Lena nun mit ihren eingegebenen Daten „spielen" kann, also sie variieren und dann immer wieder auf das neue Ergebnis gucken, müssen die Summen der anderen Tabellen hier eingefügt werden. Und das geht so:

Geben Sie nun in der Tabelle *Gesamt* in die Zelle neben *Ausgaben privat* ein Gleichheitszeichen ein; öffnen Sie die Tabelle *Ausgaben privat* und markieren Sie die Endsumme dieser Tabelle. Drücken Sie anschließend die Eingabe- bzw. Entertaste.

Wenn Sie jetzt auf die Tabelle *Gesamt* zurückgehen, steht hier nun das Endergebnis der ersten Tabelle!

Das machen Sie jetzt auch mit den anderen beiden Tabellen, so dass alle drei Ergebnisse untereinander stehen.

Wir ziehen nun noch mit der Rahmenfunktion einen Strich unter die Zellen mit den letzten Eingaben, markieren die Zelle unter den Beträgen und klicken das große Summenzeichen an, dass sich über den Spaltenüberschriften befindet.

	A	B
1	**Erfolgsplan gesamt**	
2		
3		
4	Ausgaben privat	-1.665,57 €
5	Einnahmen privat	1.000,00 €
6	Geschäft	310,00 €
7		-355,57 €
8		
9		

Allerdings musste ich die Summen der drei Tabellen vorher noch für die Zusammenfassung anpassen. Da die Ausgaben ja von Lenas Einnahmen abgezogen werden sollen, hier aber als positive Zahl dargestellt werden, habe ich diese Eingabe mit -1 multipliziert. Bei den Geschäftsausgaben habe ich den Beträgen gleich bei der Eingabe in die Tabelle ein Minuszeichen vorangestellt.

Wenn Lena nun in den Tabellen Beträge verändert, verändern sich automatisch die Summen dort und damit auch das Ergebnis in der Gesamttabelle.

So einfach kann man es sich machen!

A	B
Erfolgsplan gesamt	
Ausgaben privat	='Ausgaben privat'.I24*-1
Einnahmen privat	='Einnahmen privat'.I24
Geschäft	='Ein-Ausgaben Geschäft'.I24
	=SUMME(B4:B6)

Datei speichern

Und nun noch etwas ganz Wichtiges!

Wir haben uns ja nun sehr viel Mühe gemacht, um die Tabellen zu erstellen, und es wäre sehr ärgerlich, wenn die Daten alle wieder verschwinden würden.

> Gehen Sie in der Menüleiste auf DATEI und dann auf SPEICHERN UNTER, suchen Sie sich den Speicherort aus und anschließend einen aussagekräftigen Namen für Ihre neue Datei. Am besten speichern Sie schon, wenn Sie gerade die ersten Daten eingegeben haben!

Die Datei müsste jetzt auch auf dem Startbildschirm zu sehen sein wenn Sie LibreOffice erneut öffnen.

Ein Logo mit LibreOffice Draw1

Nach einigem Hin und Her und der Entscheidung, den Job auf eine Teilzeitstelle zu reduzieren, hat Lena sich nun entschlossen, ihren Traum wahr werden zu lassen. In der Nachbarschaft wurde gerade ein kleiner Laden frei, und der Mietvertrag war schnell unterschrieben.

Jetzt möchte Lena natürlich eine Eröffnung feiern und Ladenschild, Geschäftspapiere und Werbung einheitlich gestalten (Corporate Design).

Ein Logo muss her – ihr schwebt eine kleine Spielzeugeisenbahn vor.

Ein Logo muss her – ihr schwebt eine kleine Spielzeugeisenbahn vor.

LibreOffice Draw ist für solche Anwendungen im kleineren Rahmen gut zu handhaben und überschaubar.

Machen wir uns ans Werk und öffnen über den Startbildschirm von LibreOffice das Zeichenprogramm Draw.

Startbildschirm LibreOffice Draw

Schauen Sie sich wieder ganz in Ruhe um, und nutzen Sie auch das Fragezeichen der Direkthilfe.

Auch hier werden Ihnen verschiedene Bearbeitungsmöglichkeiten angeboten:

- Die Menüleiste oben
- Die Symbolleisten (unter der Menüleiste, ganz links – die Linke wird auch Werkzeugleiste genannt, da Sie hier einige der wichtigsten Zeichenfunktionen finden, und ganz rechts)
- Links ein Feld mit der Überschrift *Folien*, auf der Sie Ihre Werke im Kleinen betrachten können
- Rechts ein Feld mit den verschiedenen Auswahlmöglichkeiten, die sich hinter den Symbolen am rechten Rand befinden (z.B. Formatvorlagen)
- Und in der Mitte das neu zu bearbeitende Dokument (Folie)

Sie sehen also: Der Aufbau ist ähnlich wie bei *Calc*, aber es gibt viel weniger Symbole und dafür einige neue Anwendungen nach der Devise: „weg mit dem Ballast – her mit dem Notwendigen!"

Denn was nutzt uns hier ein Icon für die Umrechnung von Währungen?

Dann versuchen wir mal, eine kleine Eisenbahn zu konstruieren.

Ich sage bewusst *konstruieren*, da es sich um die Zusammensetzung und Formatierung von verschiedenen

Elementen handelt, die Draw bereits vorhält. Trotzdem nennt sich das Ganze dann Zeichnung.

Wir konstruieren

So soll das Logo einmal aussehen, wenn es fertig ist:

Lena hatte sich vorher mit Bleistift auf Papier ganz altmodisch eine Skizze erstellt (das kann man natürlich auch auf einem Tablet elektronisch machen), die sie nun mit Draw umgesetzt hat.

Damit Sie ein Gefühl für das Arbeiten mit einem Zeichenprogramm bekommen, üben wir erst einmal ein bisschen.

Falls die linke Symbolleisten, die wir jetzt benötigen, nicht angezeigt wird, tun Sie bitte folgendes:

Gehen Sie in der Menüleiste auf ANSICHT, dann auf SYMBOLLEISTEN und anschließend auf ZEICHNUNG, und schon haben Sie die gesuchten Elemente.

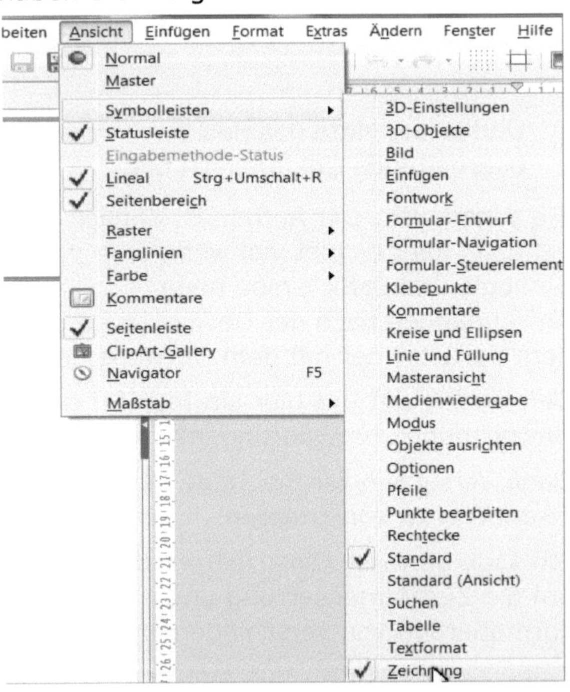

Wählen Sie nun aus der Symbolleiste am linken Bildschirmrand im unteren Bereich das Drop-Down-Menü STANDARDFORMEN und daraus das RECHTECK aus.

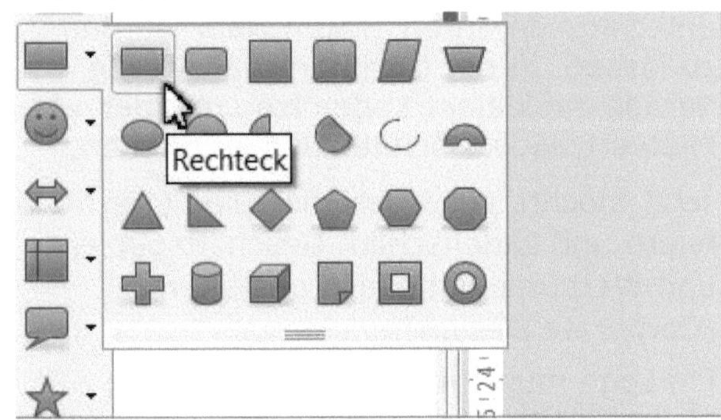

Wenn Sie nun mit der Maus auf die freie Zeichenfläche gehen, hat sich der Mauszeiger in ein Kreuz verwandelt.

Dieses Kreuz markiert zunächst die linke obere Ecke des Rechtecks.

Ziehen und Größe ändern

Mit gedrückter linker Maustaste ziehen Sie nun das Rechteck auf die gewünschte Größe.

Dieses Rechteck ist zunächst blau und hat ringsherum auf dem Rand kleine Quadrate (an den Ecken und jeweils in der Mitte jeder Seite).

Wenn Sie nun genau auf diese Quadrate gehen, verwandelt sich der Mauszeiger wieder – diesmal in einen weißen Pfeil mit zwei Pfeilspitzen. Sie können nun mit gedrückter linker Maustaste die Größe Ihrer Form verändern.

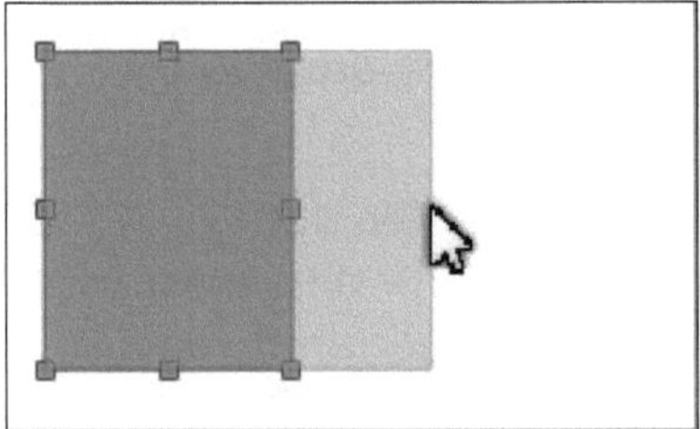

Verschieben

In der Mitte der Fläche verwandelt sich der Mauszeiger in ein Kreuz mit vier Pfeilspitzen an den Kreuzenden. Mit gedrückter linker Maustaste können Sie nun das gesamte Rechteck verschieben ohne die Größe zu verändern.

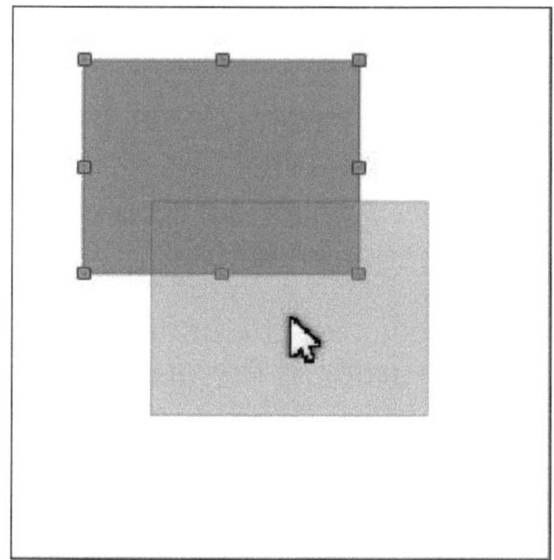

Drehen und verzerren

Natürlich können wir die Form auch kippen und drehen.

Führen Sie die Maus wieder in das Rechteck hinein und klicken Sie einmal kurz auf die linke Maustaste. Die kleinen Quadrate am Rand haben sich in rote Kreise verwandelt, und in der Mitte der Form befindet sich eine „Zielscheibe".

Wenn Sie nun Ihren Mauszeiger auf die roten Punkte führen, sehen Sie rund um die Eckpunkte einen „Rotationspfeil" und rechts und links von den Randpunkten einen „auf-/ab-Pfeil", bzw. einen „rechts-links-Pfeil".

Hier ist nun ein wenig Mausgefühl gefragt; das bekommt man aber im Laufe der Zeit mit ein bisschen Übung automatisch!

Halten Sie über einer Ecke die linke Maustaste gedrückt und bewegen Sie die Maus, rotiert die Form entsprechend der von Ihnen ausgeführten Bewegung.

Eine gedrückte Maustaste über einem seitlichen Punkt verzerrt die Form entsprechend der Mausbewegung.

Probieren Sie es aus! Auch hier können Sie mit der Schaltfläche [Rückgängig] in der oberen Symbolleiste Ihre Taten wieder ungeschehen machen.

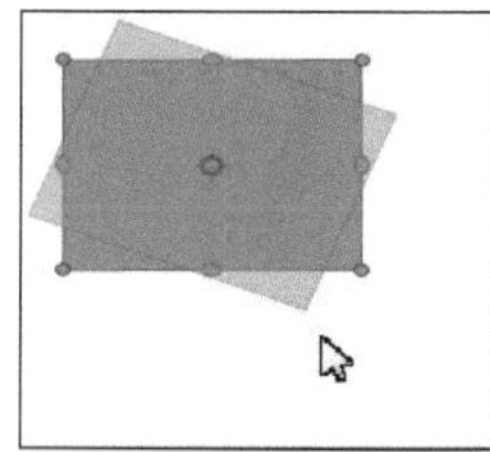

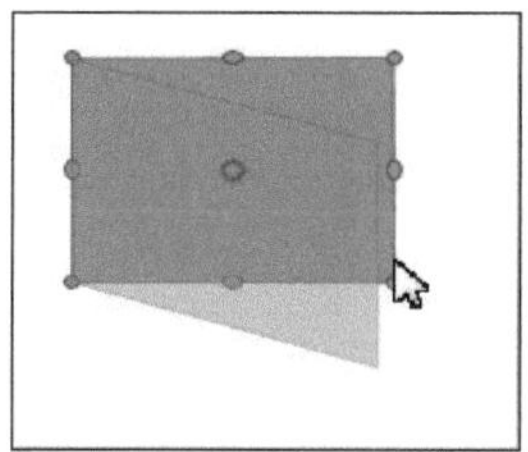

Und vergessen Sie nicht das Speichern nach Anlegen der neuen Datei!

Eigenschaften verändern

Unter Eigenschaften versteht man zum Beispiel Farbe (Füllung), Transparenz, Muster, Schriftart und Rahmen der Form.

Wir wollen unser Rechteck nun ein bisschen aufhübschen.

Nachdem Sie die Form, die Sie bearbeiten möchten, markiert haben, klicken Sie auf den Schraubenschlüssel in der rechten Symbolleiste. Es erscheint ein Display mit einer Menge an veränderbaren Eigenschaften.

Damit Sie die Eigenschaften auf eine bestimmte Form anwenden können, müssen Sie diese immer vorher markieren (wie die zu bearbeitende Zelle in Calc).

Ich habe den Rahmen um die Fläche mit einer dicken orangefarbenen Linie versehen und innen olivgrün ausgefüllt.

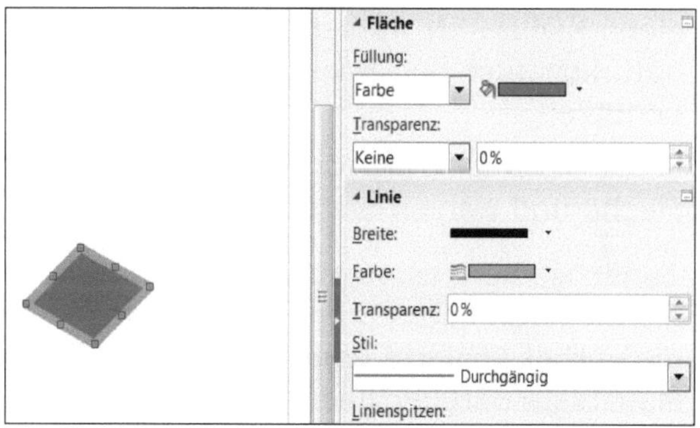

Die Befehle für diese Formatierungen können Sie auch mit einem Klick auf die rechte Maustaste über der Form einsehen und ausführen (Drop-Down-Menü).

Gallery (Galerie)

Aus der *Galerie*, die Sie ebenfalls in der Symbolleiste rechts finden (das kleine gerahmte Bild am Haken), suche ich mir einen Smiley aus, klicke ihn mit der linken Maustaste an, halte diese gedrückt und ziehe das Grinsegesicht auf meine Zeichenfläche.

Auch dieses kann man nun vergrößern und verkleinern, drehen, verzerren und verschieben.

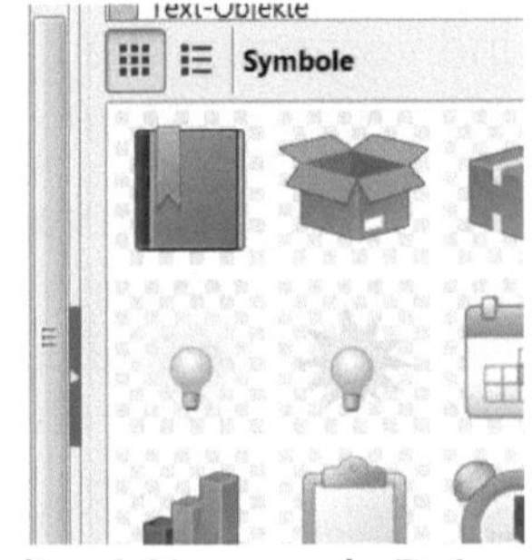

Nicht schön – aber selten! Nun noch Beine und Arme dran und auf den Bauch ein paar stylische Buchstaben. Dafür habe ich aus dem Grundformen-schatz der linken Symbolleiste (Werkzeug-leiste) die Ellipse ausgewählt und ziehe sie zu einem langgestreckten Oval.

Kopieren und einfügen

Wir benötigen aber für Ober- und Unterarme, Ober-, Unterschenkel und Füße insgesamt 10 solcher Ovale.

Also munter draufloskopieren! Die erste konstruierte Ellipse markieren, rechte Maustaste anklicken und im Drop-Down-Menü KOPIEREN wählen (Sie können natürlich auch den Shortcut [Strg]+[c] benutzen).

Führen Sie dann die Maus auf eine freie Fläche und wählen Sie EINFÜGEN.

Zunächst sieht es so aus, als wenn sich nichts getan hätte; wenn Sie nun aber auf die vorher kopierte Form gehen, die linke Maustaste darüber gedrückt halten und zur Seite führen, ziehen Sie die Dublette mit, die sich genau auf dem Original befunden hat!

Das machen Sie jetzt neun Mal, so dass Sie anschließend zehn Ellipsen auf dem Blatt verteilt haben: (hier sind`s nur neun, eine hat sich zu weit nach rechts abgesetzt.)

Damit Sie nicht alles mehrfach kopieren müssen, gibt es die schöne Funktion VERVIELFÄLTIGEN Sie finden sie im Drop-Down-Menü von BEARBEITEN und können hier ganz einfach die Anzahl der Kopien eingeben, die Sie haben möchten.

Anschließend drehen, verschieben, verkleinern und vergrößern Sie die Ovale so, dass sie wie zu einer Puppe gehörende Arme und Beine aussehen. Als Hände nehmen wir zwei Kreise.

Aber wir können noch die einzelnen Elemente sehen. Ich habe zur Veranschaulichung ein Bein unterschiedlich gefüllt und die einzelnen Elemente mit einer dicken Linie umgeben.

Um das nun schöner zu gestalten, haben Sie verschiedene Möglichkeiten:

Sie können natürlich die Linie weglassen und so lange hin und her schieben, bis es einigermaßen passt.

Sie können aber auch ganze Formgruppen miteinander

Verschmelzen

Das machen wir jetzt einmal mit einem Bein.

Verschieben Sie die Teile des Beins auf eine freie Fläche des Zeichenuntergrunds und setzen Sie wie vorher zusammen.

Dann klicken Sie den Pfeil oben in der linken Werkzeugleiste an, setzen die Maus in einer Ecke der Gruppe an und ziehen ein Rechteck über alle Elemente der Gruppe.

Wenn Sie dann die Maus loslassen und alles erfasst haben, erscheinen rings um die Gruppe herum kleine grüne Quadrate.

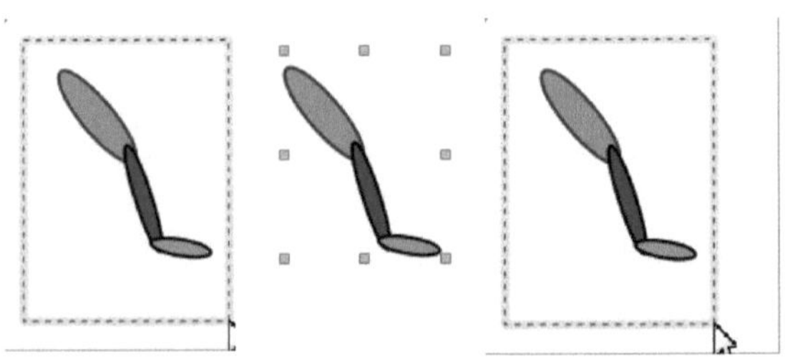

Suchen Sie nun im Drop-Down-Menü (Menüleiste) ÄNDERN den Begriff FORMEN und hier klicken Sie VERSCHMELZEN an.

Es entsteht nun eine neue Form, die sogar komplett mit einer Linie umgeben werden kann.

Ich habe nun dieses tolle neue Bein einfach kopiert, mit ÄNDERN – SPIEGELN ein spiegelbildliches Duplikat erstellt und an die Figur geheftet. Das jetzt überzählige dritte Bein habe ich natürlich gelöscht.

Jetzt möchte ich aber die Formen noch hinter den Bauch legen und dafür nutzen wir den Befehl

Anordnen

Wenn Sie sich die gesamte Figur einmal genau ansehen, fällt Ihnen bestimmt auf, dass die neu dazugekommenen Elemente vor der mittleren Figur stehen (als wenn sie draufgelegt wurden).

Aber auch das können Sie steuern:

Markieren Sie die Form, die Sie z.B. hinter eine andere stellen wollen. Mit der rechten Maustaste öffnen Sie wieder das Drop-Down-Menü, wählen hier ANORDNUNG und dann das, was Sie machen möchten.

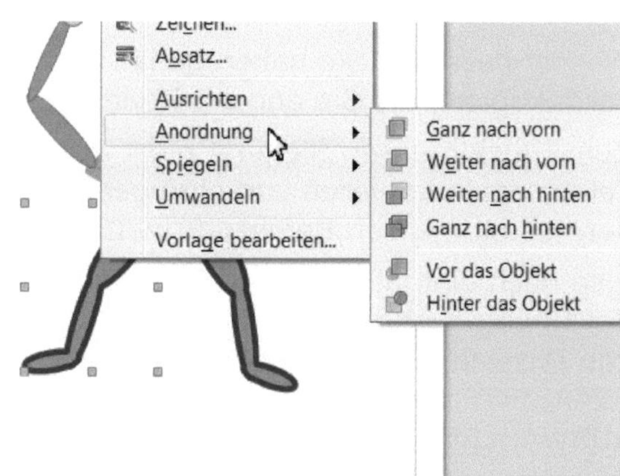

Passen Sie aber mit der Anordnung GANZ NACH VORN auf! Denn wenn Sie auf die Form, die Sie damit formatiert haben, noch etwas draufsetzen möchten, verschwindet dieser „Aufsatz" hinter die Form und ist zunächst einmal weg. Da Sie sie nun nicht mehr sehen können, ist auch ein Verschieben nicht möglich. Sie müssen also die überdeckende Form wieder in den Hintergrund bringen oder verschieben, um die andere wiederzufinden.

Textfeld

Jetzt wollen wir dem Ganzen noch eine Botschaft in Form eines Textes geben. Dafür müssten Sie ein Textfeld erstellen und zwar, in dem Sie entweder auf das Symbol mit dem großen „T" in der oberen Symbolleiste klicken oder die Taste [F2] auf Ihrer Tastatur drücken.

Es erscheint neben dem Mauszeiger ein Kreuz, und durch Ziehen können Sie wieder ein Rechteck erzeugen – ein Textfeld. Dieses erkennen Sie auch daran, dass in dem Feld links oben eine Schreibmarke blinkt.

Suchen Sie nun im rechten EIGENSCHAFTENFELD (SCHRAUBENSCHLÜSSEL!) die Abteilung *Zeichen* und dort die Schriftart und -größe aus, die Ihnen gefällt. Und dann schreiben Sie Ihren Text in das Feld.

In der Abteilung *Absatz* können Sie auch noch wählen, wo sich die Schrift befinden soll (Mitte, links, ...).

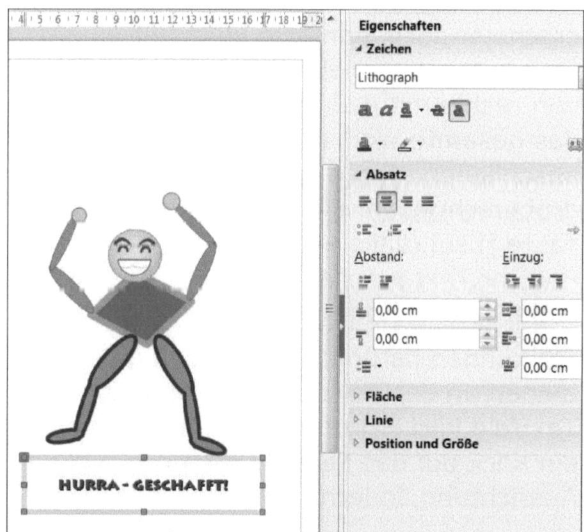

Fontwork

Ach ja, der Pullover sollte ja noch etwas verziert werden.

Dafür können Sie die Schmuckschriften nutzen, die LibreOffice Draw bereit hält, oder etwas Nettes aus der Galerie.

Die Schmuckschriften finden Sie in der oberen Symbolleiste – der Bilderrahmen mit dem „A" darin.

Angeklickt öffnet sich eine große Auswahl an schönen und scheußlichen Vorlagen. Klicken Sie die ausgewählte an und anschließend OK.

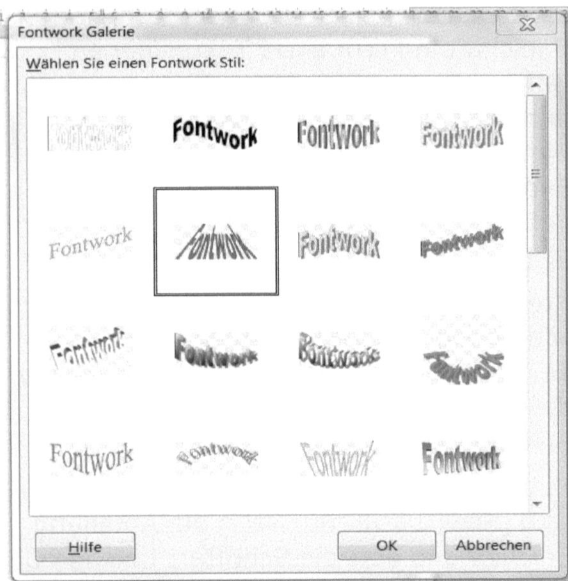

Nun erschein zunächst der Text Fontwork und muss bearbeitet werden. Mit einem Klick auf die Entertaste über dem markierten Textfeld gelangen Sie in den Bearbeitungsmodus - der Schriftzug erscheint noch einmal in klein mit einem Curser rechts daneben. Nun können Sie von rechts mit gedrückter linker Maustaste das gesamte Wort markieren und anschließend Ihren eigenen Text drüberschreiben. Ein letzter Klick auf die Taste [Esc] (links oben auf Ihrer Tastatur) und Ihr Text erscheint in Schmuckschrift – einfach schön, oder?

Sie können natürlich auch hier wieder mit Ziehen an den Ecken (einmal in das Textfeld klicken) und Drehpunkten (noch ein Klick auf das Feld) Größe und Ausrichtung ändern.

Ich habe der Figur damit einen passenden Schriftzug auf den Pullover gezaubert:

Gruppieren

Jetzt ist die Zeichnung fertig und wir wollen sie für verschiedene Druckvorlagen, zum Einfügen in Emails usw. nutzen.

Was würden Sie nun tun? Die erste Wohl wäre wahrscheinlich das berühmte „copy & paste" also „Kopieren und Einfügen".

Probieren Sie es mal! Führen Sie den Mauszeiger mitten auf die Figur, wählen Sie aus dem Drop-Down-Menü der rechten Maustaste KOPIEREN.

Öffnen Sie anschließend über DATEI | NEU ein Textdokument. Setzen Sie den Mauszeiger mitten auf die neue weiße Fläche und wählen Sie aus dem „Maus-Menü" EINFÜGEN.

Was ist passiert? Sie haben genau nur die Form kopiert, die Sie angeklickt haben.

Zum Glück müssen Sie jetzt nicht alle Teile einzeln kopieren und einfügen, sondern es gibt ja den Befehl GRUPPIEREN.

Also noch einmal zurück zu Ihrer fertigen Zeichnung. Gehen Sie auf der Menüleiste von *Draw* in das Drop-Down-Menü BEARBEITEN und wählen Sie nun ALLES AUSWÄHLEN.

Die gesamte Zeichnung wird nun von einem unsichtbaren Rechteck umgeben – markiert von kleinen grünen Quadraten.

Nun wählen sie in der Menüleiste ÄNDERN und anschließend GRUPPIEREN.

Setzen Sie jetzt einmal Ihren Mauszeiger auf eine der grünen Ecken, halten ihn gedrückt, und verschieben Sie die Ecke; die gesamte Zeichnung wird größer oder kleiner und kann auch auf dem Blatt als Ganzes verschoben werden.

Wenn Sie nun im Menü BEARBEITEN den Befehl KOPIEREN auswählen (Achtung: die Gruppierung muss markiert, d.h. mit grünen Quadraten umgeben sein!), anschließend auf das neue Textdokument gehen und hier über BEARBEITEN oder über das Menü der rechten Maustaste EINFÜGEN wählen, haben Sie die komplette Zeichnung in das neue Dokument transferiert.

Und Sie können sie hier ebenfalls vergrößern, verkleinern und verschieben!

Ich denke, jetzt haben Sie das Handwerkszeug zusammen, um selbst das von Lena entworfene Logo nachzubauen. Versuchen Sie es! Zwei kleine Tipps dazu:

- Die Fenster sind aufgesetzte weiße Flächen
- Die Buchstaben des Schriftzuges sind jeweils einzelne Textfelder, die gekippt und verschoben wurden (insgesamt neun Stück).

Die Zeichnung und andere Beispiel-Dokumente aus diesem Lehrbuch finden Sie auf der Seite von KnowWare.de zum Download.

Im Drop-Down-Menü von ÄNDERN können Sie nach der Gruppierung der Einzelformen zu einem großen Ganzen natürlich alles auch noch weiter bearbeiten.

Wählen Sie dazu GRUPPE BETRETEN und wenn Sie fertig sind GRUPPE VERLASSEN. Falls Sie Elemente hinzunehmen wollen, müssen Sie natürlich die Gruppierung erst einmal komplett wieder aufheben, nach der Neuordnung wieder alles neu markieren und Gruppieren.

Exportieren der Zeichnung

Wir haben das Logo oder die Figur ja nun erstellt, um sie in andere Dokumente einfügen zu können - größenangepasst.

Dafür erstellen wir uns eine separate Grafik, die nur das Bild enthält ohne den Zeichenhintergrund (das DIN-A-4-Blatt in diesem Fall).

Markieren Sie wieder die gesamte Gruppe und wählen Sie im Menü DATEI en Befehl EXPORTIEREN (nicht „Exportieren als PDF"!). Es öffnet sich ein Fenster mit verschiedenen Optionen:

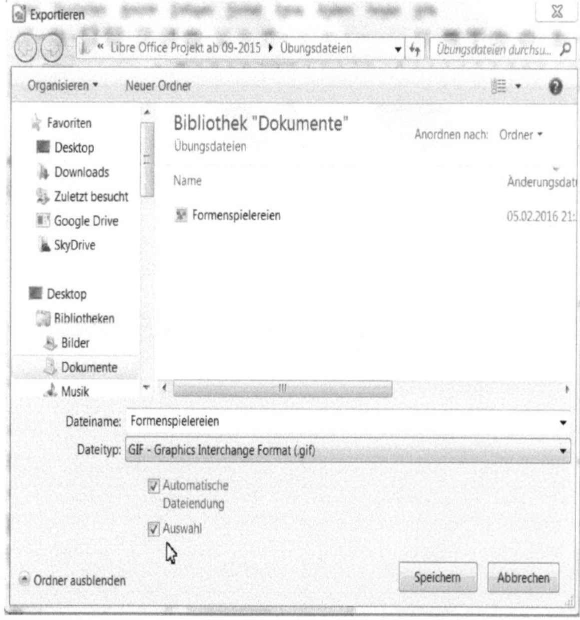

Haken Sie unbedingt das Kästchen AUSWAHL an, denn nur so wird nur das Logo ohne die Umgebung exportiert.

In dem sich dann öffnenden Fenster müssen Sie wieder einen Namen für die Datei vergeben und den Speicherort auswählen.

Als Dateiformat wird *Gif – Graphics Interchange Format* vorgeschlagen. Das ist in Ordnung. Nachdem Sie auf OK geklickt haben, erscheint eine Auflistung der zukünftigen Bildgröße, Auflösung usw. Lassen Sie alles so, wie vorgegeben, stehen und bestätigen Sie mit OK.

Wenn Sie nun das Bild in einem anderen Dokument nutzen wollen, z.B. in *Writer*, können Sie es nun in über die Menüauswahl EINFÜGEN – BILD anklicken und es erscheint in Ihrem Dokument. Sie können es hier natürlich auch wieder vergrößern, verkleinern, bearbeiten – was immer sie wollen (fast).

Datenbanken mit LibreOffice Base

Bevor Lena nun den ersten Brief schreibt, hat sie sich entschieden, zunächst Datenbanken anzulegen. Dann kann sie anschließend nämlich die Daten aus diesen Dateien für Serienbriefe, Rechnungen, Einladungen usw. nutzen.

Grundsätzliche Überlegungen

Was ist eine Datenbank überhaupt?

eine Datenbank ist, wie der Name schon sagt eine Bank (wie Notenbank, Geschäftsbank – abgleitet von dem italienischen Wort „banco" = Tisch). Hier wird allerdings kein Geld verwaltet, sondern Daten. Diese werden in Tabellen gespeichert und stehen dann für die verschiedensten Auswertungen und Abfragen zur Verfügung.

Natürlich kann man einfache Adressdaten auch in *LibreOffice Calc* anlegen oder Listen in *Writer* erstellen; jedoch sind die Nutzungsmöglichkeiten nicht so groß wie mit einem Datenbankprogramm.

Fangen wir also an!

Eine Adressdatei

Öffnen Sie wie gewohnt den LibreOffice-Startbildschirm und anschließend die Komponente BASE (Datenbank).

Sofort öffnet sich der Datenbankassistent, der Sie fragt, was Sie machen möchten. Sie möchten natürlich eine neue Datenbank erstellen (das wird normalerweise auch in der Grundeinstellung angeboten) und klicken, nachdem Sie die Einstellungen geprüft haben, auf WEITER.

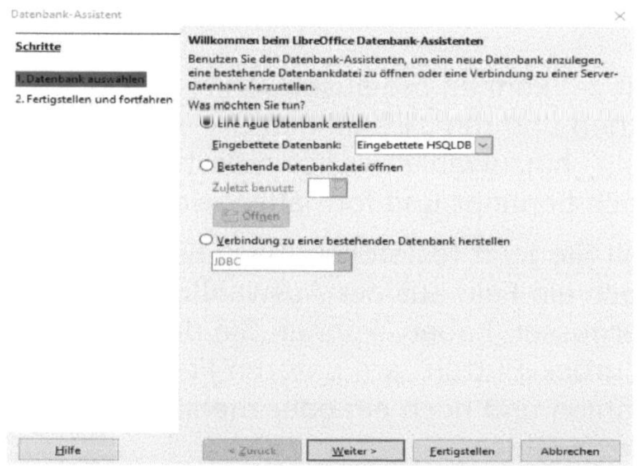

Auch der zweite Schritt im Assistenten (JA, DIE DATENBANK SOLL ANGEMELDET WERDEN und DIE DATENBANK ZUM BEARBEITEN ÖFFNEN) kann so stehen bleiben. Nun noch FERTIGSTELLEN am unteren Rand des Assistenten-Fensters antippen, einen Speicherort wählen und einen Namen vergeben und der Bearbeitungsbildschirm von LibreOffice Base erscheint.

Es kann passieren, dass Sie einen Hinweis bekommen, dass zunächst eine Java-Laufzeitumgebung installiert werden muss. Geben Sie in Ihrer Internetsuchmaschine *JRE* ein und suchen Sie die deutschsprachige Original-Java-Seite. Hier finden Sie in der Regel die aktuellste Version zum Download.

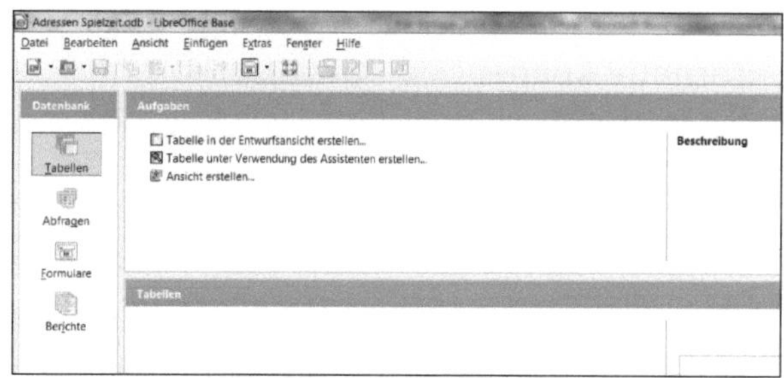

Tabellenassistent

Und damit die ganze Sache nicht zu kompliziert wird, fragen wir doch mal unseren Assistenten.

Klicken Sie bitte in dem großen Feld *Aufgaben* die Auswahl TABELLE UNTER VERWENDUNG DES ASSISTENTEN an. Er öffnet sich sofort in einem neuen Fenster, und Sie sehen die Schritt-für-Schritt-Anleitung zu unserer ersten Tabelle.

Wählen Sie bitte die Kategorie GESCHÄFTLICH und in dem darunter angebotenen Drop-Down-Menü (Beispieltabellen) die KONTAKTE. Und nun müssen Sie aus den für diese Beispieltabelle angebotenen *Verfügbaren Felder* diejenigen auswählen, die Sie brauchen.

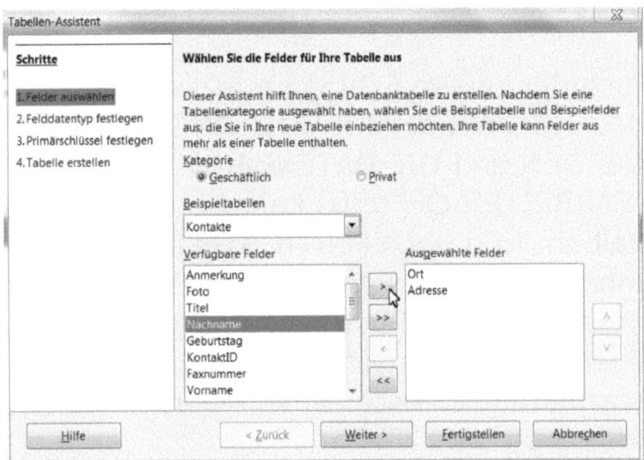

Felder

Markieren Sie also jeweils ein Feld, das Sie anschließend in Ihrer Tabelle haben möchten (immer eines nach dem anderen). Dann noch jeweils ein Klick mit der linken Maustaste auf den Button mit dem Pfeil nach rechts und Schwupps! werden diese zu *Ausgewählten Feldern* erkoren.

Alternativ können Sie das auserkorene Feld auch mit einem Doppelklick in das rechte Feld befördern.

Mit dem Doppelpfeil wählen Sie alle vorgeschlagenen Felder für Ihre Tabelle aus, und mit den Pfeilen nach links können Sie eine falsche Wahl wieder dahin zurückschieben, wo sie hergekommen ist, nämlich in die linke Auswahlfläche.

Wählen Sie:

- Ort
- Adresse
- Nachname
- Anrede
- KontaktID
- Vorname
- Postleitzahl
- Telefonnummer
- eMail
- Handynummer
- KontakttypID

Fertig? Ist alles im rechten Feld sichtbar?

Dann wollen wir noch die Reihenfolge der Felder bestimmen; das erleichtert später bei der Nutzung der Daten das Handling, und wir brauchen nicht hin und her zu springen, um einzelne Datensätze auszuwählen (z.B. Anrede, Vorname, Nachname).

Dafür sind die auf- und ab-Pfeile neben dem rechten Fenster da. Die sollten sich aber vorher überlegen, wie die Reihenfolge am sinnvollsten sein kann.

Markieren Sie dann die zu verschiebende Feldbezeichnung und führen Sie sie mit Hilfe der Pfeile an die Stelle, an der Sie sie haben möchten.

Ich schlage folgende Ordnung vor:

- KontaktID
- KontakttypID
- Anrede
- Vorname
- Nachname
- Adresse
- Postleitzahl
- Ort
- Telefonnummer
- Handynummer
- eMail

Und jetzt auf WEITER klicken. Nun sehen Sie noch einmal Ihre Auswahl in der von Ihnen festgelegten Reihenfolge, die Sie auch hier noch einmal ändern können.

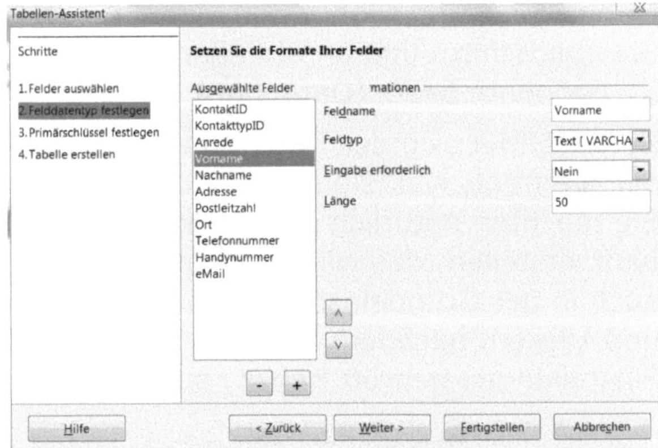

Mit „-“ können Sie ausgewählte Felder löschen und mit „+“ können Sie ein Blanko-Feld“ hinzuwählen – dies müsste jedoch noch benannt und formatiert werden.

Fall Sie jetzt feststellen, dass Sie doch noch ein Feld aus der Auswahlliste vergessen haben, können Sie den „Zurück-Button“ am unteren Fensterrand wählen und noch ein oder mehrere Felder hinzuwählen.

> Noch ein Hinweis: über den „Hilfe-Button“ im Fenster des Tabellen-Assistenten erreichen Sie die ganz ausführliche LibreOffice-Base-Hilfe.

Feldeigenschaften

Jetzt wollen wir aber noch die Feldeigenschaften, bzw. -informationen ein wenig für unsere Bedürfnisse zurechtbiegen.

Wenn Sie ein Feld (z.B. Vorname) markieren, sehen Sie rechts daneben die Beschreibung des Datenformats. In diesem Fall

- Feldname: Vorname
- Feldtyp: Text (VARCHAR)
- Eingabe erforderlich: nein
- Länge: 50 (Zeichen)

Fangen wir einmal oben an:

- Als Feldtyp ist für *KontaktID* INTEGER angegeben. Dabei handelt es sich grob gesagt um eine „ganze Zahl“. Da ist in Ordnung so, die eingegebenen Kontakte sollen damit durchnummeriert werden.
- Die *KontakttypID* stellen Sie im Feldtyp auf TEXT (VARCHAR); und die Eingabe auf ERFORDERLICH. Wir wollen hier später mit bestimmten Kürzeln markieren, wer z.B. Kunde, wer Lieferant, wer Interessent usw. ist.
- Den Feldnamen *Anrede* wollen wir umbenennen in *Geschlecht.* Hier soll später einmal „m“ für männlich und „w“ für weiblich stehen; und stellen Sie hier auch um auf EINGABE ERFORDERLICH, da es blöd wäre, wenn wir später einen Formbrief mit der Anrede aus der Datenbank entwerfen, und diese dann fehlen würde, weil die Eingabe vergessen wurde.
- Das sollten Sie auch bei *Nachname, Adresse, Postleitzahl* und *Ort* machen – die übrigen Datenformate können so bleiben, wie sie sind.
- Die letzten drei Felder (*Telefonnummer, Handynummer* und *eMail*) können Sie auch so lassen wie vorgeschlagen, denn nicht jeder Kunde wird seine Telefonverbindung herausrücken wollen, und dann müssten Sie sich bei einer „Pflichteingabe“ etwas ausdenken. Das ist nicht im Sinne des Erfinders dieser Feldeigenschaft.

So, nun noch einmal alle ausgewählten Felder durchklicken, Eigenschaften prüfen und wenn alles in Ordnung ist, endlich auf WEITER klicken.

Primärschlüssel

Nun soll ein sogenannter Primärschlüssel festgelegt werden, der jeden Datensatz eindeutig identifiziert. Er ist also so etwas wie ein Fingerabdruck, der bei jedem Menschen unterschiedlich ist.

Vorgeschlagen wird, dass der Primärschlüssel automatisch hinzugefügt wird. Wir möchten aber die KontkatID, die ja sowieso durchgezählt werden soll, als Primärschlüssel bestimmen.

Also wählen Sie EIN BESTEHENDES FELD WIRD ALS PRIMÄRSCHLÜSSEL VERWENDET, und im Drop-Down-Menü des Feldnamens wählen Sie dann KONTAKTID aus. Daneben dann noch ein Häkchen setzen bei AUTOWERT (zum automatischen Hochzählen) und WEITER geht`s!
Nun sind Sie auch schon auf der Zielgeradendes Assistenten angelangt und werden von ihm mit einem „Herzlichen Glückwunsch“ empfangen. Sie müssen noch einen Namen vergeben, und da wir die Tabelle gleich nutzen wollen, den Punkt DATEN SOFORT EINGEBEN markiert lassen und den Button FERTIGSTELLEN drücken.

Und so sieht jetzt unsere selbst erstellte Tabelle aus:

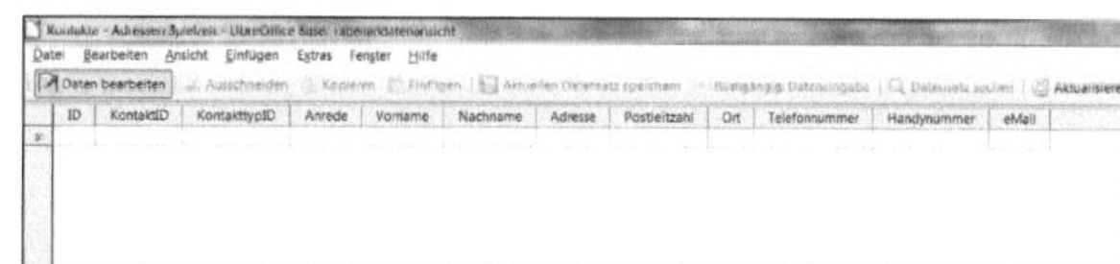

Das haben wir doch gut gemacht, oder?

Daten eingeben

Jetzt können wir anfangen, sie mit Daten zu füttern. Los geht`s!

Lena gibt jetzt fleißig die Adressdaten von allen ihr schon bekannten Lieferanten, potentiellen Kunden, Freunden und anderen Leuten, die ihr gerade in den Sinn kommen, ein. Für die Kategorien der Kontakte hat sie sich folgende Kürzel ausgedacht:

P = privat, L = Lieferant, K = Kunde, G = Geschäftsfreund

Erstellen Sie sich selbst eine Tabelle mit mindestens 5 Adressen zum Üben. Und machen Sie ruhig einmal bewusst Fehler bei der Eingabe – vergessen Sie zum Beispiel mal ein Pflichtfeld.

Sie werden feststellen, dass dann die Eingabe eines neuen Datensatzes nicht möglich ist. Erst muss der Fehler korrigiert werden.

Bei der Eingabe werden Sie merken, dass manche Felder zu schmal sind, um den Inhalt komplett anzuzeigen und manche sind viel zu weit. Sie können die Breite maßgeschneidert anpassen, indem Sie den Mauszeiger in der Spaltenüberschrift genau zwischen zwei Felder setzen. Er verwandelt sich dann in einen Doppelpfeil. Wenn Sie nun mit der linken Taste einen Doppelklick ausführen, passt sich die Breite automatisch an den längsten Datensatz in diesem Feld an.

Formulare

Nun ist die Eingabe in eine solche Tabelle doch etwas mühsam und unübersichtlich. Das können wir etwas komfortabler gestalten – wir haben ja unseren Assistenten!

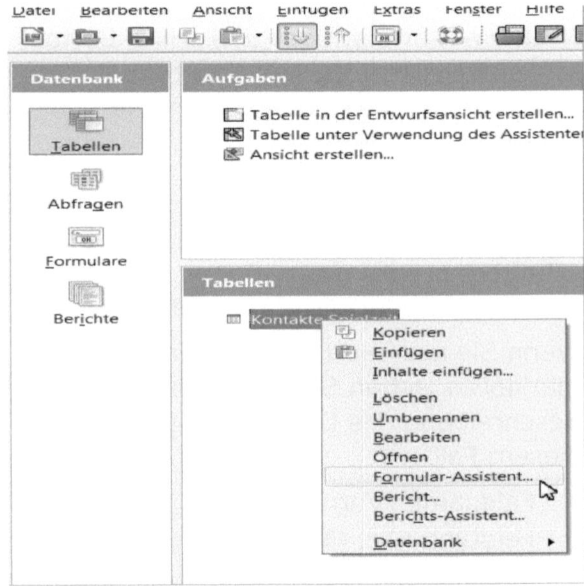

Mit einem Rechtsklick auf das Tabellendokument und über das sich dann öffnende Drop-Down-Menü erreichen Sie ihn (und er ist wie immer brav zur Stelle).

Als erstes sollen wieder die Felder ausgewählt werden, die man in dem Formular sehen möchte. Da wir es zur Eingabe aller Daten benötigen, schieben Sie mithilfe des Doppelpfeils alle Felder in die rechte noch freie Fläche.

Das Feld KONTAKTID können Sie wieder nach links zurückschieben, da es ja einen Wert beinhalten, der automatisch gesetzt wird.

Auf der nächsten Seite werden Sie gefragt, ob Sie ein Unterformular einfügen wollen – das brauchen Sie im Moment nicht, also weiter!

Dann kommt etwas Schönes: Sie können sich die Aufteilung des Formulars aussuchen und auch im Hintergrund gleich anzeigen lassen (das Formular kann später auch noch manuell geändert und angepasst werden):

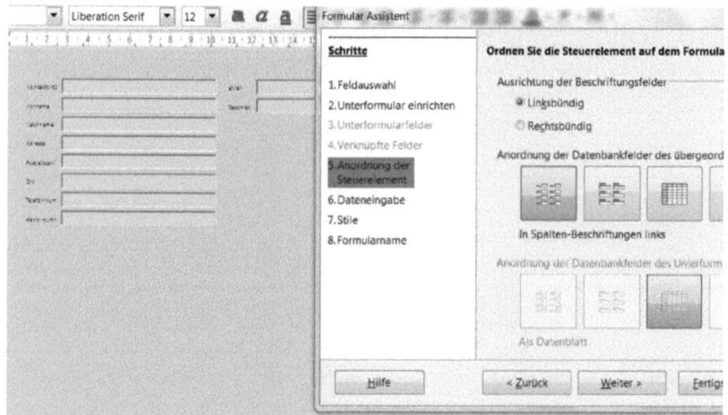

Auf der nächsten Seite können Sie bestimmen, wie bei der Dateneingabe verfahren werden soll.

Da Lena dieses Formular vielleicht auch einmal als Datenblatt ausdrucken möchte, entscheidet Sie sich ausschließlich für DAS FORMULAR ZEIGT ALLE DATEN AN.

Bei einem Ausdruck des Datenblatts wird auch der farbige Hintergrund mit gedruckt. Ggf. vor dem Druckunter AUSDRUCK| LIBREOFFICE WRITER das Häkchen vor *Seitenhintergrund* wegnehmen.

Anschließend können Sie noch den Stil des Formulars Ihrem Geschmack anpassen um unsere Augen zu schonen, lassen wir es wie es ist - beige.

Nun muss noch ein Name vergeben werden. Da Lena sich in Base noch nicht so gut auskennt, nennt sie es Kontakte Spielzeit Formular.

Jetzt gibt Lena ihre Adressdaten über das Formular ein, da sie es komfortabler findet (mit der Taste ENTER kommt man jeweils ein Eingabefeld weiter) und hat doch prompt eine Eingabe, nämlich das „w" für weiblich vergessen. Da wird dann auch gleich gemeckert:

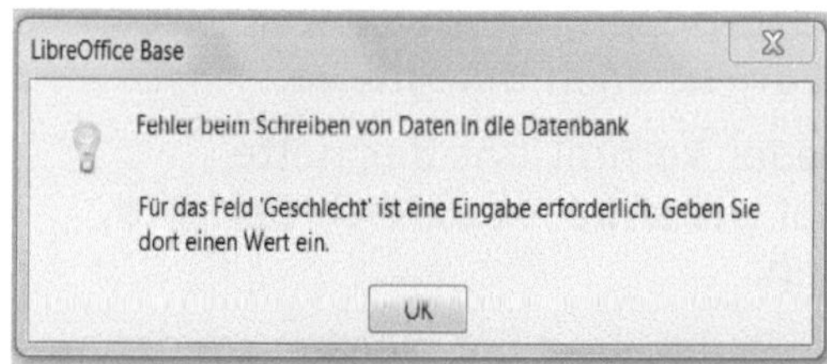

Diese Formularansicht kann natürlich auch noch konfiguriert werden, wie Sie an den Symbolleisten und der Menüleiste sehen.

Das tun wir aber heute nicht, da es einfach den Rahmen dieses KnowWare-Titels sprengen würde.

Achtung! Wenn Sie zwischendurch einmal eine Adresse löschen, weil Sie sich entschieden haben, diese nicht in die Liste aufzunehmen, wird die KontaktID zwar ebenfalls gelöscht, aber so behandelt, als wäre sie vergeben (war sie ja auch schon mal). Die Tabelle überspringt quasi diese laufende Nummer und nimmt für den nächsten neuen Datensatz die aktuell folgende. In der Übungstabelle fehlen daher auch ein paar Zahlen (hier hat Lena im Nachhinein etwas gelöscht!).

Abfragen

Ja, und was kann man jetzt mit der inzwischen riesig angewachsenen Tabelle mit Kunden-, Liefer- und Privatadressen tun?

Man kann sie so, wie man es gerade braucht, sortieren, filtern, in andere Dokumente (z.B. Serienbriefe) einfügen, man kann sie miteinander verknüpfen (z.B. Warenlieferung und Lieferant) und man kann z.B. Abfragen erstellen.

Lena etwa wollte wissen, welche Kunden weiblich sind und im Postleitzahlengebiet Ihres kleinen Ladens wohnen, um sie zu einem Kaffeeklatsch einzuladen.

Nichts leichter als das! Rufen wir doch wieder unseren Assistenten auf, und starten wir eine Abfrage!

Wir wählen also aus den Möglichkeiten des Feldes *Datenbank* die ABFRAGE und dann ABFRAGE UNTER VERWENDUNG DES ASSISTENTEN ERSTELLEN.

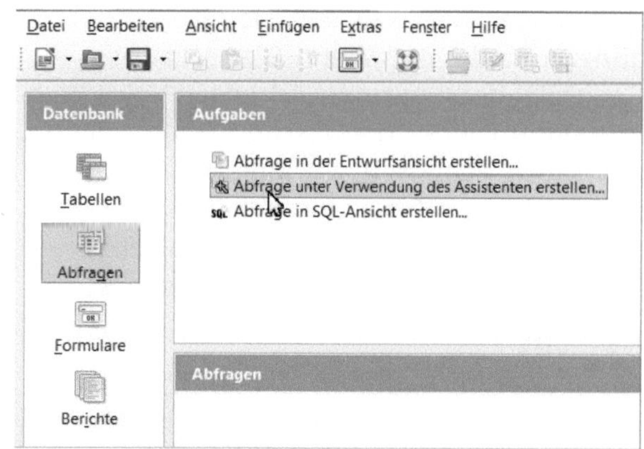

Zunächst prüfen Sie, ob Sie auch die richtige Tabelle für Ihre Abfrage ausgewählt haben (Kontakte Spielzeit).

Und jetzt sind wieder die Felder auszuwählen, die Sie in der späteren Abfrageliste haben möchten.

Wählen Sie bis auf die *KontaktID* alles aus, denn die ausgewählten Leute sollen ja anschließend eingeladen werden.

Klicken Sie WEITER an.

Im nächsten Fenster werden Sie aufgefordert, eine Sortierreihenfolge anzugeben. Wenn Sie möchten können Sie hier zum Beispiel nach NACHNAME aufsteigend, also von A bis Z, sortieren lassen. WEITER!

Und im nächsten Fenster werden die Suchbedingungen festgelegt.

Lena wollte alle „weiblichen" „Kunden" im Postleitzahlengebiet ihres Ladens (49085) einladen. Die ausgewählten Datensätze sollen also „allen folgenden Bedingungen entsprechen". Versuchen Sie zunächst selbst einmal, die anschließenden Felder zu füllen.

So sollte das Ergebnis aussehen:

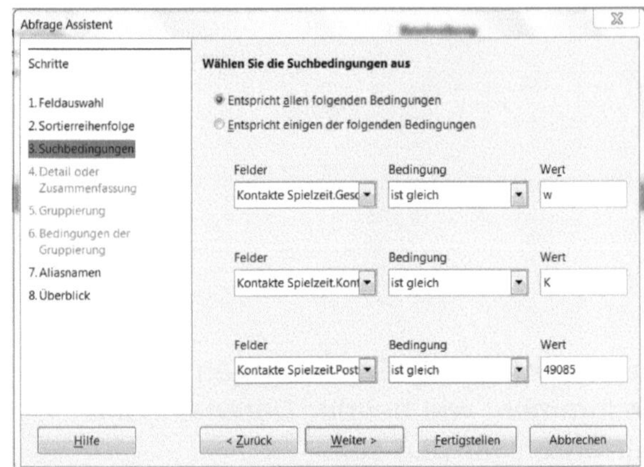

Alles richtig eingegeben? Gut – weiter!

Im nächsten Fenster können Sie die Bezeichnungen der Felder noch verändern wenn Sie möchten (möchten wir jetzt nicht). WEITER!

Danach wird Ihnen in „Aufsatzform" noch einmal beschrieben, was Sie als Abfrage alles eingegeben haben. Dann schauen wir uns das Ergebnis einmal an – klicken Sie auf FERTIGSTELLEN.

Jawoll! Diese Kundinnen lädt Lena doch gerne auf Kaffee und Kuchen ein:

Kon...	Vorna...	Nachname	Adresse	Postleitzahl	Ort	Telefonnummer	Handynummer	eMail	Geschlecht
K	Karin	Becker	Seestrand 30	49085	Osnabrück	0541/5578962			w
K	Bettina	Blümel	Gänseweide 77	49085	Osnabrück				w
K	Martina	Sommerfeld	Jadeweg 25	49085	Osnabrück	0541/555987253			w

Und wie es sich gehört, ist alles schön von A bis Z sortiert!

Und wissen Sie, was das Clevere an der ganzen Sache ist? Wenn Sie jetzt Ihre Gesamttabelle mit den Adressen erweitern und dann wieder die Abfrage öffnen, sind die neuen Personen, auf die die vorher eingegebenen Kriterien zutreffen, ebenfalls in dieser Abfrage enthalten! Klasse, nicht wahr? Testen Sie es aus!

Bericht

Als allerletzte Aktion in *LibreOffice Base* wollen wir noch einen Bericht mit unseren Adressdaten erstellen, den Lena dann z.B. ausdrucken und als Telefonliste auf ihren Schreibtisch im Laden griffbereit hinlegen kann. Das machen heutzutage im Zeitalter der Smartphones wahrscheinlich nur noch wenige Menschen, aber wer weiß, wofür so ein Bericht doch mal gut ist.

Und wieder kommt uns der nette Assistent, diesmal im Bereich *Berichte*, entgegen.

Öffnen Sie ihn, und Sie werden wieder einmal um Angabe der Felder geben, die Sie in Ihrem Bericht sehen wollen.

Nehmen Sie dieses Mal (nachdem Sie zunächst wieder geprüft haben, ob auch die richtige Tabelle ausgewählt ist, nämlich *Tabelle:Kontakte Spielzeit*) einfach nur *Vorname, Name, Telefonnummer, Handynummer* und *Email* und klicken S1ie auf WEITER.

Die Beschriftungen sind ja klar genug, so dass Sie sie im nächsten Fenster so stehen lassen können.

Im weiteren Fenster wird nach einer *Gruppierung* gefragt. Vielleicht wäre es doch ganz gut, diesen Bericht nach dem Kontakttyp zu sortieren?

Sie können im Assistenten immer Korrekturen vornehmen, in dem Sie statt auf WEITER den ZURÜCK-Button anklicken – zurück zu der Stelle, an der Sie etwas ändern wollen.

Fügen Sie also die *KontakttypID* noch hinzu und klicken Sie sich wieder vorwärts.

Wieder bei dem Fenster mit der Frage MÖCHTEN SIE GRUPPIERUNGEN HINZUFÜGEN? angelangt, wählen Sie die KONTAKTTYPID dafür aus. Und weiter geht`s.

Im nächsten Fenster wird nun angezeigt, dass die erste Sortierung nach KONTAKTTYPID erfolgt, und für die zweite geben Sie ein NACHNAME und zwar AUFSTEIGEND.

Ein Fenster weiter können Sie sich nun noch das Layout, also das Aussehen Ihres Berichtes, aussuchen. Da er nicht so viele Daten enthalten wird, können sie ruhig HOCHFORMAT wählen und zunächst erst einmal TABELLARISCH. Sie können sich später dann ja mal die anderen Möglichkeiten anschauen.

Noch ein Fenster weiter haben sie die Qual der Wahl zwischen *dynamischem* und *statischem* Bericht. Der dynamische zeigt Ihnen bei jedem neuen Öffnen die aktuellen Daten, während der statische immer den Datenbestand zum Zeitpunkt der Erstellung des Berichts anzeigt.

Wählen Sie DYNAMISCHER BERICHT und dann JETZT BERICHT ERSTELLEN, denn wir wollen ja sofort unser Ergebnis sehen.

Leider sind nun teilweise die Telefonnummern und vor allem die Emailadressen nicht komplett sichtbar. Und die Bearbeitung scheitert, weil das Dokument dummerweise schreibgeschützt ist. Aber mit einem Klick auf die Fläche DOKUMENT BEARBEITEN wird dieser Schutz aufgehoben, und Sie können schalten und walten, wie Sie möchten.

Ist Ihnen noch etwas aufgefallen? Das Dokument, das Sie jetzt vor sich auf dem Bildschirm haben, ist gar kein *Base-*, also „Datenbank"-Dokument mehr, sondern ein *Writer-*, also Schreib-Programm!

Dann können Sie gleich schon ein bisschen vorarbeiten für das nächste Kapitel.

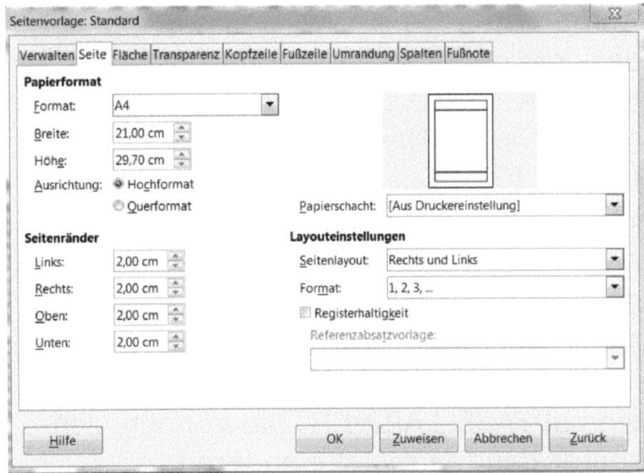

Versuchen Sie zunächst erst einmal die Seitenränder zu verkleinern, damit der Inhalt mehr Platz hat. Wählen Sie in der Menüleiste FORMAT und dann im Drop-Down-Menü SEITE.

Verkleinern Sie die Seitenränder links und rechts auf jeweils 1,00 cm; OK drücken und Ergebnis anschauen. Dumm: Passt immer noch nicht!

Dann drehen wir das Ganze doch auf die Seite, also ins *Querformat* (über Menüleiste FORMAT | SEITE und QUERFORMAT anklicken).

Das ist schon besser. Da es sich bei den einzelnen Feldern um Tabellenfelder handelt, die verschoben werden können, setzen Sie bei den immer noch fehlerhaften Zellen den Mauszeiger in der Zeile zwischen zwei Zellen, bis sich ein Pfeil mit zwei Spitzen zeigt. Dann können Sie die Zellbegrenzung verschieben und passend machen.

Vorname	Nachname	Telefonnummer	Handynummer	eMail
Stoff & mehr	Christine Marina		51/5662374	Chr.Stoffundmehr@freenet.de
Sabine	Müller	0541/555697154		mueller@logispiele.de
Elke	Schmidt	0541/7775689		

Tabellenspalte ändern

So, jetzt haben wir von unserer Ausgangstabelle mit den Kontakten ein Formular, eine Abfrage und einen Bericht erstellt. Aber wo finden wir die Dokumente jetzt wieder?

Ganz einfach: Wenn Sie jetzt die LibreOffice-Komponente *Base* öffnen, sehen Sie auf der linken Seite die Auswahlmöglichkeiten *Tabellen, Abfragen, Formulare* und *Berichte*.

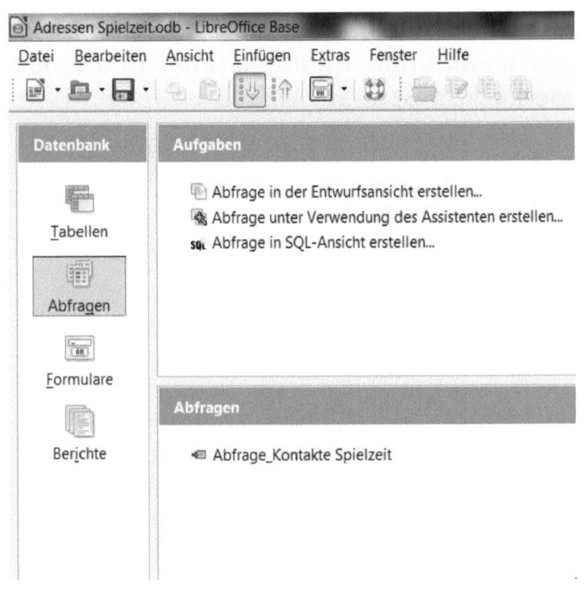

Unter der jeweiligen Kategorie finden Sie alle Dokumente, die Sie aus den Daten der ursprünglichen Datenbank erstellt haben. Es wäre natürlich sinnvoll, die Dateien entsprechend zu benennen, also bei der Abfrage nach den Kundinnen für den Kaffeeklatsch hätten wir besser „Kaffee PLZ 49085 am 28.08.2018" geschrieben.

Haben sie noch Lust auf einen schönen Bericht? Hier ist ein Beispiel:

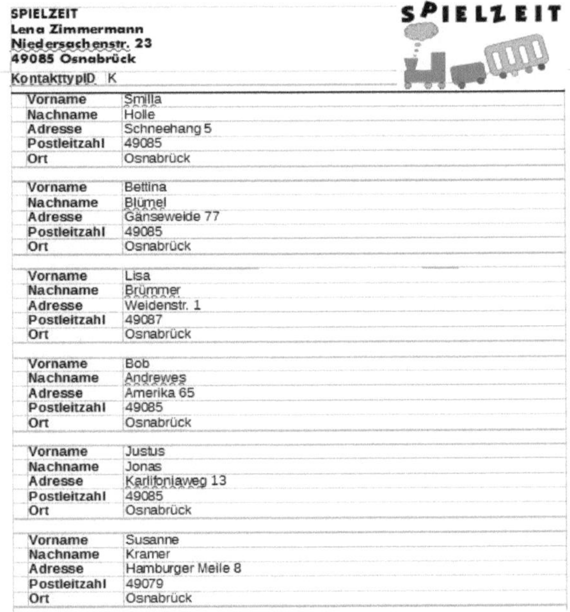

SPIELZEIT
Lena Zimmermann
Niedersachsenstr. 23
49085 Osnabrück

SPIELZEIT

KontakttypID K

Vorname	Smilla
Nachname	Holle
Adresse	Schneehang 5
Postleitzahl	49085
Ort	Osnabrück
Vorname	Bettina
Nachname	Blümel
Adresse	Gänseweide 77
Postleitzahl	49085
Ort	Osnabrück
Vorname	Lisa
Nachname	Brümmer
Adresse	Weidenstr. 1
Postleitzahl	49087
Ort	Osnabrück
Vorname	Bob
Nachname	Andrewes
Adresse	Amerika 65
Postleitzahl	49085
Ort	Osnabrück
Vorname	Justus
Nachname	Jonas
Adresse	Karlifornienweg 13
Postleitzahl	49085
Ort	Osnabrück
Vorname	Susanne
Nachname	Kramer
Adresse	Hamburger Meile 8
Postleitzahl	49079
Ort	Osnabrück

LibreOffice Writer

Ein Bericht für eine Akademie

Nein, wir wollen hier jetzt nicht die Erzählung von Franz Kafka abschreiben!

Sondern: Lena hat ja die Ehre, demnächst über ihre Existenzgründung einen Vortrag halten zu dürfen. Und neben der Präsentation mit *LibreOffice Impress* wird sie natürlich einen Bericht halten, den sie den Zuhörern anschließend auch in Papierform zur Verfügung stellen möchte.

Außerdem eignet sich das Schreiben eines Berichts super zum Üben für die Erstellung der Briefvorlage, die ja auch noch nicht fertig ist.

Fangen wir also an!

Suchen Sie sich einen netten Text, vielleicht eine Reisebeschreibung oder eine lustige Erzählung aus dem Leben mit Kindern (damit das Abtippen nicht so langweilig wird).

Öffnen Sie ein neues *LibreOffice Writer* Dokument (z.B. über die Seitenleiste des LibreOffice-Startbildschirms).

Groß und weiß in der Mitte befindet sich unser Schreibpapier. Und rings herum unsere Arbeitsutensilien, die Sie ja schon von den anderen Programmkomponenten kennen.

Seitenformat

Über der weißen Seite und links am Bildschirmrand befinden sich *Lineale*, an denen Sie die Papiergröße (das Papierformat – in diesem Fall das gebräuchlichste, nämlich *A4-Hochformat*), die Seitenränder, und ggf. auch die selbst festgelegten *Tabulatorpositionen* erkennen können.Die gerade aktuelle Seitenformatierung können Sie sich auch anzeigen lassen. entweder über die Menüleiste: FORMAT | SEITE oder über das Drop-Down-Menü unserer beliebten rechten Maustaste.

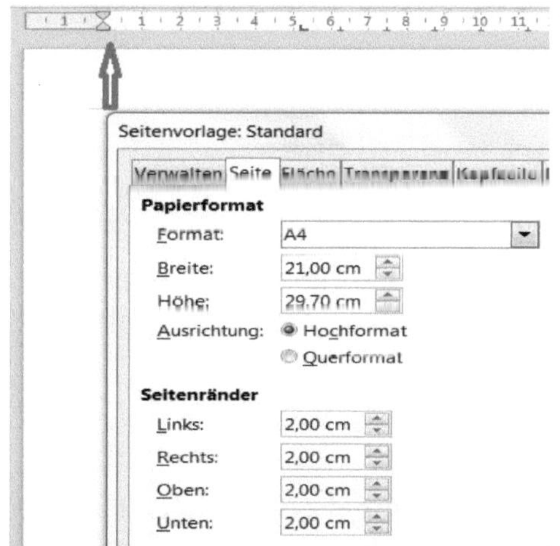

Wenn Sie jetzt mal alle Reiter (Tabs) der Seitenvorlage durchklicken, erkennen Sie schon eine ganze Menge an Formatierungsmöglichkeiten (fast schon zu viel auf einmal). Da kommen Sie vom *Papierformat* über die *Hintergrundfarbe* (Füllung) zu *Kopf- und Fußzeile*, von *Umrandung* zu *Spaltenzahl* (die KnowWare-Ausgaben sind zweispaltig gesetzt) und *Fußnoten*.

Aber wir schließen das Ganze jetzt erst einmal und schauen uns auf dem Bildschirm weiter um.

Vieles kennen Sie nun schon aus *Calc*, *Draw* und *Base* – nämlich die Menüleiste, die Symbolleiste und die Werkzeugleiste am rechten Bildschirmrand (nur halt abgestimmt auf die Erfordernisse von *Writer*).

Wir stürzen uns jetzt ins kalte Wasser, bzw. auf den Text, den Sie sich ausgesucht haben. Ein paar Minuten Stillarbeit für das Abtippen sind Ihnen nun gegönnt.

Geben Sie Ihren Text bitte einfach ohne Formatierungen und Absätze ein.

So sollte es nun aussehen:

Zielstrebig marschierte ich los und besah im Vorbeigehen noch einmal das tadellose Werk, das ich in dem kleinen Gärtchen hinterlassen hatte. Perfekt! Einer plötzlichen Eingebung folgend hielt ich aber nach 5 Minuten Fußweg kurz vor meinem Ziel, dem Eingang der Wirtschaft, wieder an. „War es wirklich eine gute Idee, so wie ich war, mir ein Bierchen als Belohnung zu gönnen?" Ich sah an mir herunter, sah die Dreck verkrusteten Gummistiefel, die durchnässten Knie meiner Jeans und vor allem die angetrocknete Erde an meinen Händen. Würde jemand ganz genau hinschauen, und das war zu erwarten, wenn ich mich jetzt in meiner Stammkneipe blicken ließ, könnte man unter den Fingernägeln etwas Rotes schimmern sehen. Nein, ich würde wohl besser mit dem Mineralwasser aus meinem Kühlschrank vorlieb nehmen und danach erst einmal ein ausgiebiges Bad nehmen. Also: kehrt Marsch nach Hause an den Ort des Geschehens. Ganz wohl war mir nicht dabei aber sicher ist sicher! Jetzt nur keinen Fehler machen! Sonst wäre die ganze Mühe umsonst gewesen. Bis Karsten nachher von der Arbeit kommt, strahle ich wieder wie ein unschuldiger Engel und alles wird sein wie immer. Sollte ich den kleinen, aber doch sehr scharfen Spaten vielleicht noch abwischen? Nein, ich glaube nicht – ich will das Schicksal nicht herausfordern. Bis jetzt hat mich keiner gesehen. Nachdem ich meine Wohnungstür geöffnet und wie immer mit einem gezielten Wurf die Schlüssel auf das Schränkchen im Flur geworfen hatte, ließ ich mir ein heißes, duftendes Bad ein. Das wird mindestens so gut tun wie das verpasste kühle Pils.

Schriftart und -größe

Hier können Sie nun genau erkennen, dass die Abstände nach oben und zu den Seiten jeweils zwei Zentimeter betragen (und auch nach unten, wäre das Blatt vollgeschrieben).

Wissen Sie in welcher *Schriftart und -größe* Sie Ihren Text geschrieben haben?

Direkt über dem Lineal oder rechts im Werkzeugbereich (der Button mit dem Schraubenschlüssel) unter *Zeichen* finden Sie die Angabe dafür. Für meinen Text sieht das so aus:

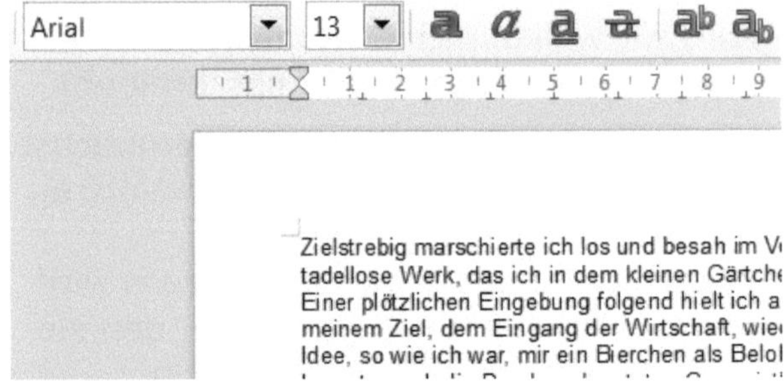

Es ist die Schriftart (eine andere Bezeichnung dafür ist *Fonts*) *Arial,* die Schriftgröße ist 13. Diese Größenangabe bezieht sich in Textverarbeitungsprogrammen meist auf *DTP Punkt* (Abkürzung ist pt; ein pt entspricht 0,353 mm im ausgedruckten Text).

Jetzt markieren Sie einmal eine Textpassage, indem Sie mit der linken Maustaste irgendwo hineinklicken, die Taste festhalten und über den Text ziehen. Loslassen und ruhig mal eine ganz exquisite Schriftart für diesen Teil aussuchen.

Idee, so wie ich war, mir ein Bierchen als Belohnung zu gönnen?" Ich sah an mir herunter, sah die Dreck verkrusteten Gummistiefel, die durchnässten Knie meiner Jeans und vor allem die angetrocknete Erde an meinen Händen. Würde jemand ganz genau hinschauen, und das war zu erwarten, wenn ich mich jetzt in meiner Stammkneipe blicken ließ, könnte man unter den Fingernägeln etwas Rotes schimmern sehen. Nein, ich würde wohl besser mit dem Mineralwasser aus meinem Kühlschrank vorlieb nehmen und danach erst einmal ein ausgiebiges Bad nehmen. Also: kehrt Marsch nach Hause an den Ort des Geschehens. Ganz wohl

Neben der Schriftart und -größe gibt es noch andere Veränderungen, die Sie an Ihrer Schrift vornehmen können:

- Wenn Sie auf das dicke kleine **a** klicken, erscheint die vorher markierte Schrift **fett** (auch ohne viel Kuchen)
- Das kleine schräggestellte *a* stellt den gesamten markierten Text *kursiv* (schräg nach rechts gerichtet)
- Das a mit dem Strich darunter – Sie ahnen es wahrscheinlich schon – unterstreicht das Markierte
- Und dann gibt es noch zwei a mit einem b daneben. Damit kann man Textstellen $^{\text{höher-}}$ oder $_{\text{tieferstellen}}$, als den übrigen Text

Probieren Sie alles aus! Auch hier können Sie wieder mit dem gelben RÜCKGÄNGIG-PFEIL alles ungeschehen machen.

Und wenn Sie sich den Bereich der Zeichenformatierung noch etwas eingehender anschauen, werden Sie sehen, dass Sie natürlich auch noch die Farbe, den Hintergrund einer markierten Passage, den Buchstabenabstand und vieles mehr ändern können.

Schreiben Sie sich doch einmal einen „anonymen" Brief wie aus Zeitungsschnipseln zusammengesetzt:

Noch mehr Formatierungsmöglichkeiten finden Sie, wenn Sie mal wieder das Drop-Down-Menü der rechten Maustaste bemühen und dort Zeichen auswählen.

> Vergessen Sie zwischendurch nicht das Speichern! Wenn es sich um wichtige Dokumente handelt, empfehle ich nach jeder wesentlichen Änderung eine zusätzliche Sicherung auf USB-Stick, einer externen Festplatte oder in einer Cloud.

Absatzformate und Überschriften

Nun ist ja ein so gleichförmig gesetzter Text fast unerträglich mühsam zu lesen, die Konzentration geht nach kurzer Zeit flöten und die Gedanken schweifen ab ins Wolkenkuckucksheim. So soll es also nicht sein!

Schauen Sie sich als Beispiel unsere KnowWare-Ausgaben an: abwechslungsreich und leserlich – aber wie geht das? Ein paar Beispiele:

Jetzt soll erst einmal eine Überschrift über dem Ganzen thronen.

Nehmen Sie den unformatierten Text und setzen Sie den Mauscursor (den blinkenden schwarzen Strich) vor das erste Wort in der ersten Zeile. Drücken Sie die Enter-Taste – der gesamte Text verschiebt sich um eine Zeile nach unten.

Links oben, über dem linken Lineal finden Sie ein Menüfenster, hinter dem sich ein kleines Angebot von verschiedenen schon vorhandenen *Absatzformaten* verbirgt.

Suchen Sie Überschrift 1 und klicken Sie auf den Pfeil direkt daneben:

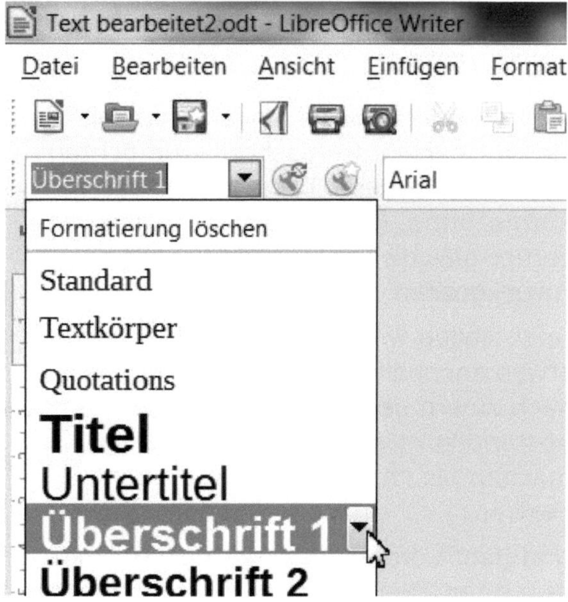

Wählen Sie Vorlage bearbeiten und schauen sie nach, ob Schriftart und -größe Ihren Vorstellungen für die Überschriften in Ihrem Text entsprechen. Wenn nicht – ändern Sie sie (ich habe die Schriftart auf *Arial* geändert, aber *fett* und die Größe so belassen).

Anschließen noch OK anklicken und Sie haben eine Überschriften-Vorlage.

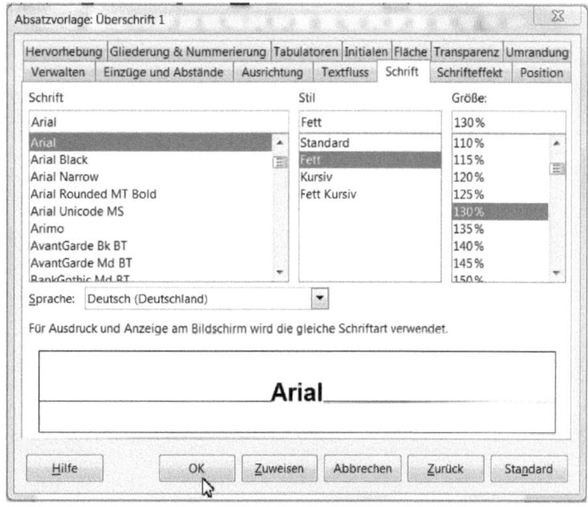

Führen Sie den Mauszeiger nun in die erste leere Zeile und geben Sie Ihre *Überschrift* ein. Den Text müssen Sie natürlich selbst schreiben.

Der Fehler

Zielstrebig marschierte ich los und besah i
tadellose Werk, das ich in dem kleinen Gä

Wenn Sie jetzt einen langen Text mit vielen Überschriften schreiben möchten oder verschiedene Texte in gleicher Aufmachung, können Sie auf Ihre eigene, immer gleiche Überschriftenvorlage zurückgreifen.

Jetzt wollen wir die Absätze aber noch etwas ansehnlicher gestalten, indem wir nach einem bewussten *Zeilenumbruch* den Abstand zur nächsten Zeile etwas größer machen als im fließenden (Standard-) Text.

Und damit dieser Abstand auch für den gesamten Text gleich ist, basteln wir uns auch hierfür eine Vorlage, die wir dann im gleichen Verzeichnis wie die Überschrift ablegen.

Wählen Sie aus der Menüleiste VORLAGEN und anschließend NEUE VORLAGE.

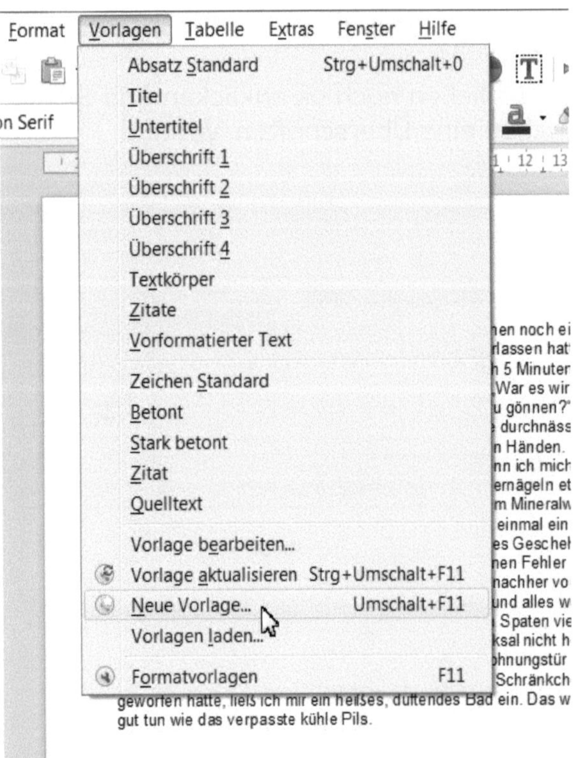

Vergeben Sie einen Namen für die neue Vorlage – natürlich einen aussagekräftigen. Ich habe einfach *Absatz* genommen. Dann OK anklicken – der Name *Absatz* taucht nun ebenfalls in der Vorlagenliste auf, ist aber noch nicht mit Inhalt gefüllt; es würde sich also nichts ändern, wenn wir diese Vorlage auf den Text anwenden würden.

Gehen Sie über das Drop-Down-Menü der Formatvorlagen, und bei ABSATZVORLAGE wählen Sie wie vorher VORLAGE BEARBEITEN.

Suchen Sie sich den Reiter EINZÜGE UND ABSTÄNDE und im Bereich ABSTAND stellen Sie den Wert UNTER ABSATZ auf 0,20 cm.

Kontrollieren Sie auch die Schriftart über den Reiter SCHRIFT, da von LibreOffice standardmäßig wahrscheinlich eine andere als die von Ihnen gewählte eingestellt ist. Wenn Sie sich unsicher sind, welche das war, schauen Sie noch einmal in der Schriftartanzeige über Ihrem bereits geschriebenen Text nach.

So, jetzt wieder den OK-BUTTON drücken, und die Vorlage ist fertig.

Wählen Sie nun die Vorlage *Absatz* aus (sie muss im Vorlagen-Fenster ganz links in der Menüleiste sichtbar sein) und setzen Sie mit Hilfe der Maus den Curser an eine Stelle, an der Sie einen Absatz einfügen möchten; zum Beispiel hier:

Geschehens. Ganz wohl war mir
n Fehler machen! Sonst wäre die
hher von der Arbeit kommt, strahle
wird sein wie immer. Sollte ich den
ht noch abwischen? Nein, ich
sfordern. Bis jetzt hat mich keiner
öffnet und wie immer mit einem
en im Flur geworfen hatte, ließ ich
ndestens so gut tun wie das

Drücken Sie die Enter-Taste und die haben einen wunderschönen Absatz erzeugt. Und das Tolle daran: Jeder Absatz wird nun gleich, ohne dass Sie jedes Mal das Format einstellen müssen!

Der Fehler

Zielstrebig marschierte ich los und besah im Vorbeigehen noch einmal das tadellose Werk, das ich in dem kleinen Gärtchen hinterlassen hatte. Perfekt!

Einer plötzlichen Eingebung folgend hielt ich aber nach 5 Minuten Fußweg kurz vor meinem Ziel, dem Eingang der Wirtschaft, wieder an.

„War es wirklich eine gute Idee, so wie ich war, mir ein Bierchen als Belohnung zu gönnen?"

Ich sah an mir herunter, sah die Dreck verkrusteten Gummistiefel, die durchnässten Knie meiner Jeans und vor allem die angetrocknete Erde an meinen Händen. Würde jemand ganz genau hinschauen, und das war zu erwarten, wenn ich mich jetzt in meiner Stammkneipe blicken ließ, könnte man unter den Fingernägeln etwas Rotes schimmern sehen.

Nein, ich würde wohl besser mit dem Mineralwasser aus meinem Kühlschrank vorlieb nehmen und danach erst einmal ein ausgiebiges Bad nehmen.

Also: kehrt Marsch nach Hause an den Ort des Geschehens. Ganz wohl war mir nicht dabei aber sicher ist sicher! Jetzt nur keinen Fehler machen! Sonst wäre die ganze Mühe umsonst gewesen. Bis Karsten nachher von der Arbeit kommt, strahle ich wieder wie ein unschuldiger Engel und alles wird sein wie immer.

Sollte ich den Kleinen, aber doch sehr scharfen Spaten vielleicht noch abwischen? Nein, ich glaube nicht – ich will das Schicksal nicht herausfordern. Bis jetzt hat mich keiner gesehen.

Nachdem ich meine Wohnungstür geöffnet und wie immer mit einem gezielten Wurf die Schlüssel auf das Schränkchen im Flur geworfen hatte, ließ ich mir ein heißes, duftendes Bad ein. Das wird mindestens so gut tun wie das verpasste kühle Pils.

Das sieht doch schon viel besser aus, oder?

Einfügen

Was brauchen wir noch an Handwerkszeug um uns einigermaßen über den Computer-Arbeitstag zu retten?

Ich denke, es wäre gut zu wissen, wie man andere Texte, Bilder, Tabellen usw. in ein bestehendes Dokument einfügt.

Hier hält LibreOffice Writer eine ganze Handvoll Möglichkeiten bereit. Die allereinfachste ist das Einfügen eines vorher kopierten Textes:

Markieren Sie zwei Zeilen, indem Sie mit der Maus darüberfahren – dieser Text ist jetzt blau hinterlegt. Klicken Sie entweder auf des ICON KOPIEREN in der Symbolleiste, oder wählen Sie über das Drop-Down-Menü der rechten Maustaste KOPIEREN. Anschließend suchen Sie auf Ihrer Seite den Platz, an den dieser Text eingefügt werden soll, klicken die Stelle an und wählen das ICON EINFÜGEN oder nutzen wieder die rechte Maustaste.

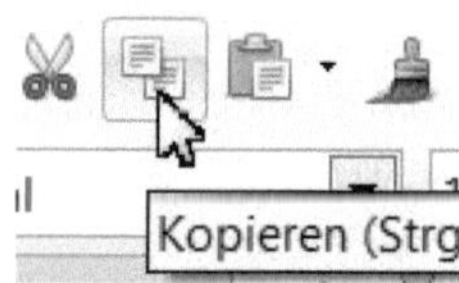

Jetzt wollen wir ein Bild einfügen – nehmen wir doch gleich das Logo, das Lena für ihren Spielzeugladen erstellt hat.

Über die Menüleiste und dann EINFÜGEN | BILD wählen Sie das gewünschte Bild aus(alternativ mit dem ICON BILD aus der Symbolleiste). Klicken Sie auf ÖFFNEN und das Bild erscheint erst einmal mitten in Ihrem Dokument; und das auch noch in einer Größe, die Sie gar nicht gebrauchen können!

Jetzt können Sie sich Ihre Erfahrungen aus *LibreOffice Draw* zunutze machen: wenn Sie mit der linken Maustaste mitten in die Bildfläche klicken und die Taste festhalten, können Sie das Bild verschieben; führen Sie die Maus auf die Punkte auf dem Rand des Bildes, können Sie es vergrößern und verkleinern.

Sollte ich den Kleinen, aber doch sehr scharfen Spaten vielleicht noch abwischen? Nein, ich glaube nicht – ich will das Schicksal nicht herausfordern. Bis jetzt hat mich keiner gesehen.

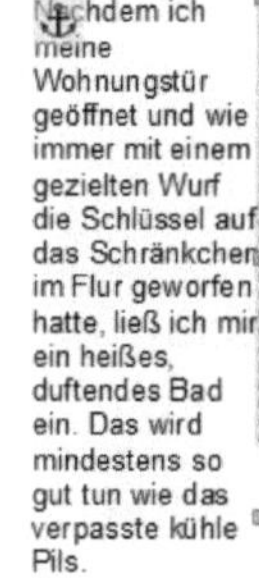

Nachdem ich meine Wohnungstür geöffnet und wie immer mit einem gezielten Wurf die Schlüssel auf das Schränkchen im Flur geworfen hatte, ließ ich mir ein heißes, duftendes Bad ein. Das wird mindestens so gut tun wie das verpasste kühle Pils.

„War es wirklich eine gute Idee, so wie ich war, mir ein Bierchen als Belohnung zu gönnen?"

Schauen Sie sich alles einmal genau an: Die Schrift wurde automatisch um das Bild herumgelegt; der Text ist nun der sogenannte *Umlauf*. Diesen kann man auch beeinflussen und zwar wieder über eine Auswahl aus dem Rechte-Maustaste-Drop-Down-Menü:

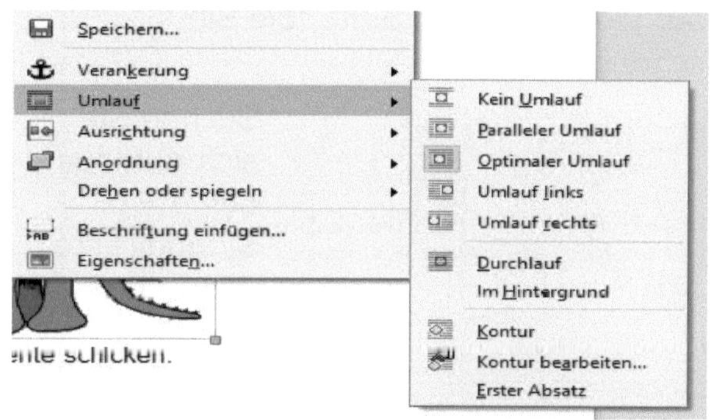

Aktuell war OPTIMALER UMLAUF ausgewählt – der Text passt sich also automatisch dem eingefügten Bild an.

Probieren Sie einfach die verschiedenen Möglichkeiten und die Effekte aus.

Seitenzahlen

Was ist ein Bericht oder ein Buch ohne durchnummerierte Seiten? Das kommt nicht gut an, denke ich.

Und da Sie ja sicher nicht per Hand Seite für Seite mit einer Zahl versehen möchten – und was wäre dann, wenn im Text ein größeres Bild oder eine Textpassage eingefügt oder gelöscht wird? Das sähe dann so aus:

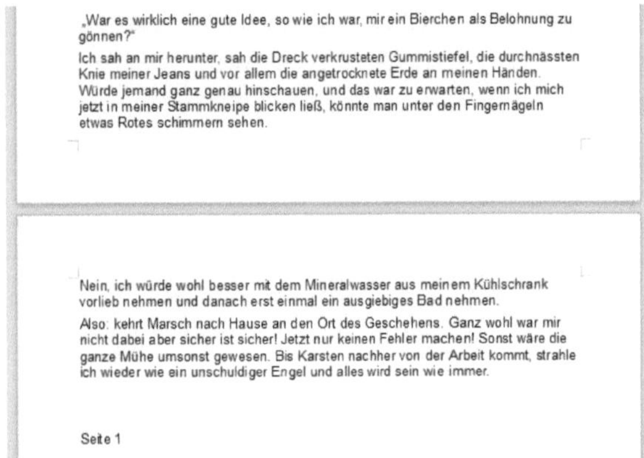

„War es wirklich eine gute Idee, so wie ich war, mir ein Bierchen als Belohnung zu gönnen?"

Ich sah an mir herunter, sah die Dreck verkrusteten Gummistiefel, die durchnässten Knie meiner Jeans und vor allem die angetrocknete Erde an meinen Händen. Würde jemand ganz genau hinschauen, und das war zu erwarten, wenn ich mich jetzt in meiner Stammkneipe blicken ließ, könnte man unter den Fingernägeln etwas Rotes schimmern sehen.

Nein, ich würde wohl besser mit dem Mineralwasser aus meinem Kühlschrank vorlieb nehmen und danach erst einmal ein ausgiebiges Bad nehmen.

Also: kehrt Marsch nach Hause an den Ort des Geschehens. Ganz wohl war mir nicht dabei aber sicher ist sicher! Jetzt nur keinen Fehler machen! Sonst wäre die ganze Mühe umsonst gewesen. Bis Karsten nachher von der Arbeit kommt, strahle ich wieder wie ein unschuldiger Engel und alles wird sein wie immer.

Seite 1

Aber natürlich gibt es auch hierfür eine Lösung:

Kopf- und Fußzeilen

Richten Sie sich eine *Fußzeile* mit automatischer Seitennummerierung ein; alternativ können Sie natürlich auch die *Kopfzeile* dafür verwenden.

Über die Menüleiste EINFÜGEN | KOPF-/FUßZEILE | FUßZEILE (STANDARD)können Sie die Fußzeile erzeugen; sie erscheint dann auf jeder weiteren Seite, die Sie schreiben.

Suchen Sie sich nun aus der Symbolleiste das ICON FELD EINFÜGEN, klicken Sie auf den kleinen Pfeil daneben für das Drop-Down-Menü und wählen Sie SEITENNUMMER.

Und Schwupps erscheint in der Fußzeile eine kleine 1!

Klicken Sie jetzt mal so lange auf die Entertaste, bis eine neue Seite angezeigt wird und schauen Sie auf das Seitenende: Dort steht jetzt tatsächlich eine 2!

Die Markierung mit dem Hinweis *Fußzeile (Standard)* sehen Sie nicht mehr, wenn Sie mit dem Mauszeiger zu Ihrem Text zurückkehren; über den kleinen Pfeil rechts neben dem Hinweis kommen Sie zu einem weiteren Drop-Down-Menü, über das Sie die Fußzeile noch weiter formatieren können.

PDF und Druck

Nun möchte Lena ja Ihren Bericht nicht nur auf dem PC speichern, sondern auch auf ihrem Drucker ausdrucken und als Dokument per Email versenden oder vielleicht später auch auf der Internetseite ihres Geschäfts veröffentlichen.

Das ist zum Glück in *LibreOffice Writer* denkbar einfach, weil in der Symbolleiste über dem Dokument schon entsprechende Icons zur sofortigen Nutzung vorbereitet sind:

Druckvorschau	Druck	PDF-Export

Über die Druckvorschau bekommen Sie eine gute Übersicht, wie Ihr Dokument anschließend auf Papier ausgegeben wird (es hilft Fehldrucke zu vermeiden).

Mit nochmaligem Klick auf DRUCKVORSCHAU UMSCHALTEN gelangen Sie wieder zurück zum Hauptdokument.

■ Druck über Drucker

Es schein alles in Ordnung zu sein, und wir wollen den Bericht jetzt über unseren Drucker ausdrucken. Also klicken wir das DRUCKER-ICON an.

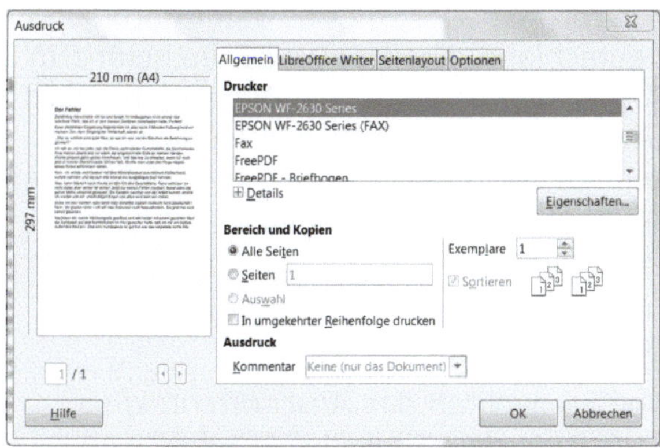

Und wieder stehen wir vor einer großen Auswahl an Einstellungsmöglichkeiten. ich will Ihnen jetzt nur die wesentlichen erklären, da alles andere viel zu umfangreich wäre.

Auf der linken Seiten sehen Sie jeweils Ihr Dokument, so wie es ausgedruckt werden wird (ähnlich der Druckvorschau). Die meisten Änderungen in den Einstellungen werden Sie hier sofort sehen können.

Im Bereich Allgemein können Sie prüfen, ob Sie den richtigen Drucker ausgewählt haben und vielleicht unter Eigenschaften noch Graustufendruck oder Papiersorte (z.B. spezielles Fotopapier) bestimmen. Außerdem können Sie hier die Anzahl der auszudruckenden Exemplare und die Druckreihenfolge (Seite eins bis zehn oder umgekehrt) festlegen.

Hinter dem Tab LibreOffice Writer verbergen sich spezifische Auswahlmöglichkeiten von LibreOffice wie z.B., dass Sie den Druck eines farbigen Hintergrunds weglassen können.

Unter Layout können Sie steuern, ob Sie eventuell zwei Seiten auf einem Blatt drucken möchten. Klicken Sie es einmal an, dann sehen Sie wie es wirkt – schont den Papierverbrauch aber leider nicht die Augen.

Und zu guter Letzt können Sie unter Optionen noch ein paar spezielle Einstellungen vornehmen, die aber nur selten gebraucht werden.

Und nun drucken Sie mal! Ist das aus dem Drucker herausgekommen, was Sie erwarten haben? Und wenn nein – warum nicht? Dann gehen Sie noch einmal Stück für Stück alle Einstellungen durch.

■ Druck als PDF

PDF ist eine Abkürzung für (englisch) Portable Document Format = tragbares Dokumentenformat. Es handelt sich dabei um ein Dateiformat (Dateiendung *.pdf), das von der Firma *Adobe* entwickelt wurde um eine Datei unabhängig von der ursprünglich dazugehörigen Software (z.B. „Microsoft Word") auf verschiedenen Rechnern mit unterschiedlichen Betriebssystemen originalgetreu darzustellen. Das Erstellen einer PDF-Datei entspricht dem Ausdruck mit einem Drucker und ist im Anschluss ohne entsprechende Bearbeitungssoftware nur noch sehr eingeschränkt zu bearbeiten, taugt also meist tatsächlich nur zum Ansehen und zur Ausgabe auf einem Drucker.

Und gerade weil eine PDF-Datei bleibt wie sie ist, kann Sie sehr gut per Email oder auf einem Datenträger weitergegeben werden. Mit einem PDF-Leseprogramm, z.B. dem kostenlosen *Adobe PDF-Reader* wird sie dann vom Empfänger ohne Probleme geöffnet und angeschaut.

Dann drücken jetzt Sie mal das rote Knöpfchen (ich meine natürlich den PDF-Button in der Symbolleiste)!

Es müsste dieses Fenster erscheinen:

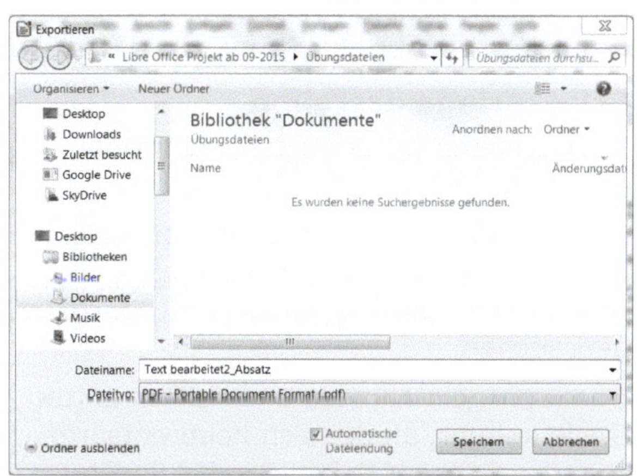

Ihr PC wartet darauf, dass Sie ihm sagen, wie das PDF-Dokument heißen soll, und wo Sie es speichern möchten.

Überschreiben Sie ggf. den vorgeschlagenen Namen und Speicherort.

Die erzeugte neue Datei können Sie nun auch direkt aus dem Explorer heraus per Email versenden wenn Sie möchten.

Klicken Sie mit der rechten Maustaste auf die Datei und wählen Sie aus dem Dop-Down-Menü SENDEN AN und dann EMAIL-EMPFÄNGER.

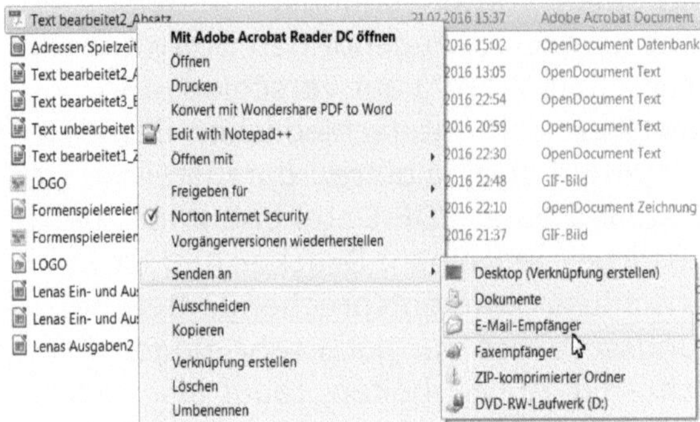

Danach sollte sich ihr Email-Programm öffnen, in das Sie dann nur noch die Empfänger-Emailadresse eingeben müssen und vielleicht einen netten Brieftext.

So, jetzt haben wir aber genug geübt und widmen uns Lenas Geschäftsserienbriefvorlage!

Briefvorlage erstellen

Jetzt schauen wir doch mal, ob unser Assistent noch da ist.

Ja, er ist noch da, aber leider konnten Lena und ich seine Angebote für die Briefvorlage, die uns vorschwebt, gar nicht gebrauchen.

Damit z.B. die Adresse auch gleich an die Stelle kommt, an der sich beim entsprechenden Falten des Papiers das Fenster des *Briefumschlags (DIN C6 lang)* befindet, sollten sich hier natürlich die Platzhalter für die Daten aus der Adressdatei befinden.

Wie für fast alles, gibt es dafür natürlich in Deutschland eine Norm und die heißt *DIN 5008 (Richtlinien für die Behandlung von Geschäftspost)* – Einzelheiten dazu können Sie unter anderem im Internet bei Wikipedia (www.de.wikipedia.org/wiki/DIN_5008) finden.

Diese Grundlagen nehmen wir uns als Orientierungshilfe.

Und wir wollten das *Anschriftenfeld* so gestalten, dass über der Anschrift Lenas Absenderadresse in klein steht, damit wir sie nicht extra auf den Umschlag schreiben oder drucken müssen.

Also bauen wir uns selbst eine Vorlage. Das ist gar nicht so schwer wenn man weiß, was wohin gehört!

Als erstes kommt das Drumherum, sprich Kopf- und Fußzeilen mit Logo und weiteren Firmenangaben.

Wir öffnen ein leeres Writer-Dokument.

Als erstes werden wir die Seitenränder anpassen: nach DIN sollte der linke Rand 2,5 cm und der rechte 2,0 cm betragen. Also auf zur Menüleiste: FORMAT | SEITE | REITER SEITE und einstellen; anschließend OK DRÜCKEN – der linke Rand müsste jetzt 0,5 cm breiter sein als der rechte (Kontrolle über das obere Lineal).

Der Briefkopf misst 4,5 cm – hier werden wir später das Logo platzieren. Dafür wählen Sie zunächst FORMAT | SEITE | REITER SEITE und setzen den OBEREN SEITENRAND auf 1,0 cm. Dann gehen Sie in den Bereich KOPFZEILE und setzen zunächst ein HÄKCHEN bei *Kopfzeile einschalten.* Anschließend wählen Sie als ABSTAND 3,5 cm (1,0 cm plus 3,5 cm = 4,5 cm gesamt für den oberen Bereich), und entfernen Sie die HÄKCHEN BEI GLEICHER INHALT AUF DER ERSTEN SEITE UND DEN DYNAMISCHEN EINSTELLUNGEN. Verlassen Sie die Seitenformatierung mit OK um Ihre Arbeit zu kontrollieren.

Nun kommt die *Fußzeile* dran – diese soll ebenfalls einen Seitenrand nach unten von 1,0 cm erhalten und insgesamt 3,0 cm breit sein (also 1,0 cm plus 2,0 cm = 3,0 cm gesamt für den unteren Bereich).

Für die Absenderangaben von Lena, die ja direkt über dem Adressfeld stehen sollen, fügen wir ein Textfeld ein (SYMBOLLEISTE | T). Wie schon bei *LibreOffice Draw* erscheint über dem Mauszeiger ein kleines Kreuz, und mit gedrückter linker Maustaste können Sie ein Feld auf der Seite erzeugen. Setzen Sie die linke obere Ecke bitte genau an den Winkel, der das Adressfeld markiert:

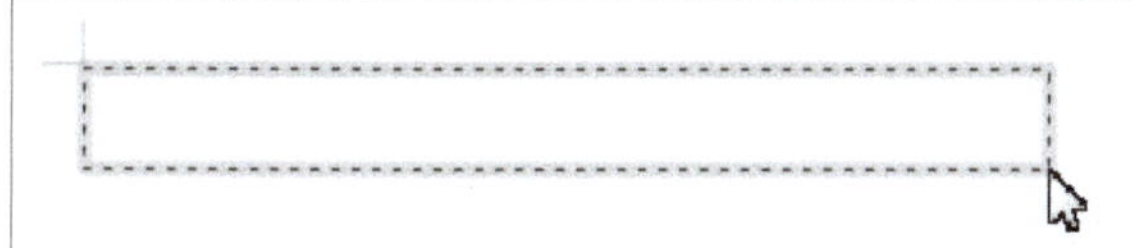

Klicken Sie nun mit dem Mauszeiger in dieses Feld – der Curser erscheint, und Sie können drauflosschreiben.

Aber halt! Erst müssen Sie Schriftart und -größe auswählen. Nehmen wir wieder Arial, aber diesmal sehr klein, da ja die gesamte Absenderadresse dort hinein soll. Und die Angaben sollen unterstrichen sein – also müssen Sie das kleine unterstrichene a aktivieren.

Falls das Feld zu kurz sein sollte, und die Absenderangaben deshalb in eine zweite Zeile rutschen, können Sie das Feld wie bei *Draw* mit einem Klick auf die rechte Rahmenseite und anschließendem Ziehen mit gedrückter linker Maustaste vergrößern.

Nun noch das Textfeld dem Text entsprechend anpassen, damit es keine anderen Daten oder Felder stört, bzw. sich damit überlappt, und auch dieser Teil unserer Vorlage ist fertig!

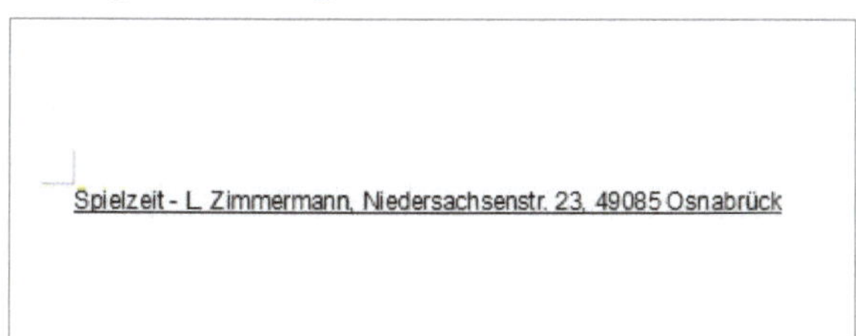

Haben Sie sich das Textfeld einmal ganz genau angeschaut? Auf der linken oberen Seite steht ein kleiner Anker. Dieser zeigt an, dass dieses Feld verankert, also festgemacht ist. Woran? Das erfahren Sie über die rechte Maustaste, mit der Sie in das Feld klicken und VERANKERUNG.

Das Logo ist jetzt unser nächstes Element, das eingefügt werden soll. Wir haben ja mithilfe von *LibreOffice Draw* ein *Gif*-Bild erzeugt – das wollen wir dafür nutzen.

Als Erstes müssen wir überlegen, wo das Logo hin soll. Ich denke, dass oben rechts in der Kopfzeile ein guter Platz ist.

Aktivieren Sie die Kopfzeile durch einen Klick mit der linken Maustaste in den oberen Bereich der Seite – die entsprechenden Markierungen erscheinen.

Anschließend wählen Sie in der Menüleiste EINFÜGEN | BILD und suchen das Logo-Bild.

Wählen Sie öffnen und das Logo erschein erst einmal riesig auf Ihrem Briefbogen:

So kann es natürlich nicht bleiben. Packen Sie sich das grüne Quadrat an der unteren linken Ecke und zerren Sie es nach oben rechts, bis die Größe passt.

Jetzt ist das Bild aber immer noch nicht da, wo es sein soll. Also einmal mit der linken Maustaste in die Mitte des Bildes, festhalten und soweit verschieben, bis die rechte obere Kante an den Winkel stößt, der den oberen und rechten Seitenbereich der Briefvorlage markiert (zur Erinnerung: 1 cm Abstand von oben und 2 cm Abstand vom rechten Rand).

Damit das Logo nicht aus Versehen wieder verschoben wird, klicken Sie noch einmal mit der rechten Maustaste in das Bild hinein und wählen VERANKERUNG | AN DER SEITE.

So sollte es jetzt aussehen im oberen Teil der Briefvorlage:

Spielzeit - L. Zimmermann, Niedersachsenstr. 23, 49085 Osnabrück

Vergessen Sie nicht, zwischendurch immer mal Ihr Dokument zu speichern, damit im Falle eines Falles immer der aktuelle Stand wieder abrufbar ist.

Ja, was brauchen wir nun noch? Nehmen wir uns erst einmal die Fußzeile vor. Hier können Angaben stehen wie Telefonnummer, Öffnungszeiten, Email-Adresse, Kontoverbindung, Steuernummer und vieles mehr. Wir beschränken uns auf ein paar kleine Angaben.

Nun fügen Sie also ein Textfeld unten auf der Seite über die gesamte Breite der beschreibbaren Fläche ein (1 cm von unten, 2,5 cm vom linken Rand und 2 cm vom rechten Rand Abstand halten – siehe Markierungen).

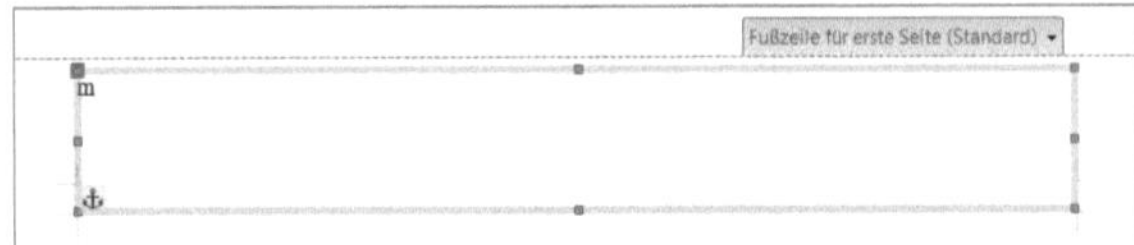

Geben Sie nun blockweise die Daten in das Textfeld ein, die Sie dort haben möchten. Tipp: mit der Tabulatortaste (das ist auf der Tastatur links oben die Taste mit den Pfeilen nach rechts und links) springen Sie zu einem sogenannten Tabstopp, der in jeder Zeile gleich ist (es sei denn, Sie haben es vorher gelöscht).

Jeweils eine Zeile runter oder rauf kommen Sie per Pfeiltasten aus dem Richtungszeigerblock.

So sollte Ihr Briefpapier jetzt aussehen:

Gar nicht schlecht, oder?

Nun fehlen aber noch ein paar Angaben, bevor wir uns an die Serienbrieffelder machen, und zwar die Betreffzeile und das Datum.

Das Datum sollte sich ungefähr 8 cm von oben befinden und etwa 8,5 cm vom rechten Rand entfernt beginnen. (Ich habe allerdings die Datumsangabe etwas weiter nach recht gesetzt, damit sie direkt unter dem Logo steht; ich finde, es sieht besser aus.)

Führen Sie den Curser an diese Stelle und geben Sie das Wort Datum mit anschließendem Doppelpunkt ein.

Damit wir uns nicht immer erkundigen müssen, welches Datum wir gerade haben (weiß man zwar eigentlich, aber wer weiß, ob nicht doch einmal vergessen wird, es einzufügen), automatisieren wir die Eingabe einfach:

Setzen Sie den Mauszeiger hinter den Doppelpunkt und suchen Sie in der Symbolleiste das Icon für FELD EINFÜGEN (das hatten wir schon einmal im Kapitel mit den Seitenzahlen).

Klicken Sie es an und anschließend im Drop-Down-Menü DATUM. Sie können das Datumsformat auch noch ändern, in dem

Sie mit dem Mauszeiger auf das Datumsfeld gehen und mit der rechten Maustaste das Menü aufrufen und FELDBEFEHL auswählen.

Achten Sie darauf, dass im Bereich *Auswählen* nur DATUM und nicht DATUM (FIX) markiert ist; sonst bleibt das Datum auf dem Datum der Dokumenterstellung stehen und wird nicht aktualisiert.

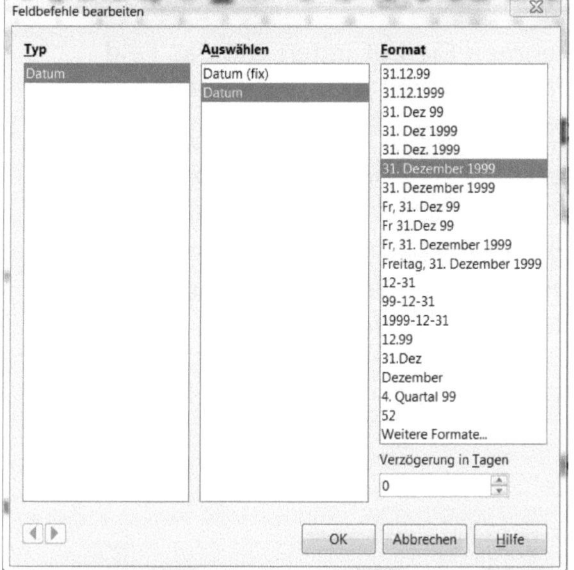

Falls nicht das aktuelle Datum, sondern nur der Text *Datum* in dem Feld erscheint, schauen Sie doch einmal in der Menüleiste unter ANSICHT, ob das Feld FELDNAMEN auch bestimmt nicht aktiviert ist (es wäre dann dunkelgrau hinterlegt); in diesem Fall wird nämlich nur die Bezeichnung des Feldes sichtbar und nicht der eigentliche Inhalt.

Und weiter geht`s!

Die *Betreffzeile* steht dann zwei Zeilen unterhalb der Datumszeile (ca. 10 cm vom oberen Rand entfernt) und wird fett geschrieben.

Wieder zwei Zeilen weiter beginnt dann der eigentliche Brief mit der Anrede (natürlich nicht mehr fett geschrieben).

Diese schöne Briefvorlage wollen wir jetzt natürlich in unserem Vorlagenordner für die weitere Verwendung abspeichern.

Das tun wir über die Menüleiste mit DATEI | DOKUMENTVORLAGEN | ALS VORLAGE SPEICHERN.

Es öffnet sich die Vorlagenverwaltung, in der wir nun ein Plätzchen für unseren Brief finden müssen. Vergeben Sie zuerst einen aussagekräftigen Dateinamen und tragen Sie diesen in das Feld unter *Vorlagenname* ein. Wählen Sie dann beispielsweise den schon vorhandenen Ordner *Geschäftliche Korrespondenz aus*. Nun noch Speichern und das Dokument steht Ihnen immer wieder neu zum Bearbeiten zur Verfügung (unter DATEI | VORLAGE VERWALTEN die gewünschte Vorlage auswählen).

Serienbrief

Jetzt wollen wir doch mal sehen, ob unsere selbst angelegte Datenbank für etwas Praktisches taugt.

Und den Assistenten holen wir auch wieder ausseiner Schlummerecke.

Setzen Sie in der Briefvorlage den Curser unter die Absenderzeile.

Anschließend rufen Sie über die Menüleiste und EXTRAS den SERIENBRIEF-ASSISTENTEN auf.

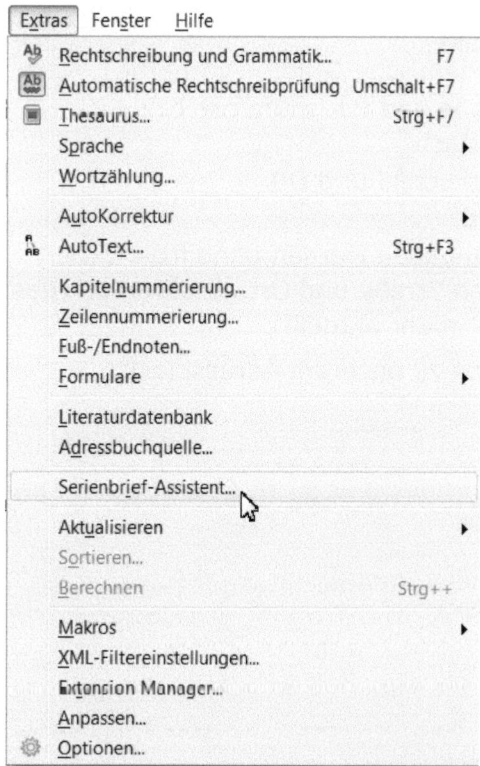

Wenn der Assistent sich geöffnet hat, werden Sie zunächst gefragt, ob Sie DAS AKTUELLE DOKUMENT VERWENDEN oder z.B. ein neues erstellen möchten.

Mit dem aktuellen Dokument ist das gemeint, in dem wir gerade arbeiten, also die Briefvorlage.

Wie vorgeschlagen, lassen wir also diesen Punkt so, wie er ist, und klicken auf WEITER.

Im nächsten Fenster kommt die Frage auf, ob wir einen Brief oder eine Email erstellen wollen – natürlich möchten wir einen BRIEF gestalten.

Und noch einmal geht`s WEITER.

Jetzt kommt etwas ganz Wichtiges, nämlich der sogenannte Adressblock.

Kleine Zwischeninfo: Nach DIN 5008 besteht der Adressblock aus insgesamt neun Zeilen (die wir aber nicht alle benötigen) und zwar aus:

- elektronischem Freimachungsvermerk (Frankierung)
- Infos für das Empfängerpostamt (z.B. *nicht nachsenden*)
- Einschreiben
- Firma
- Anrede
- Akademische Grade, (Vorname), Name
- Straße und Hausnummer bzw. Postfach
- Postleitzahl und Ort
- Land

Diese Angaben werden ohne freie Zeile zwischen Straße und Ort geschrieben (das ist nicht mehr aktuell!).

Und jetzt zu unserem Adressblock:

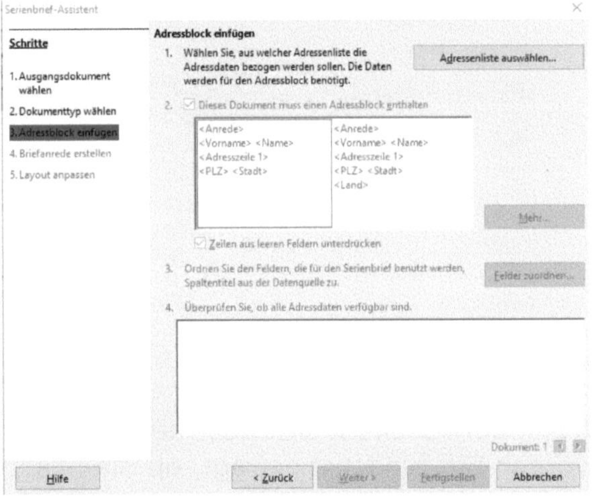

Unser Assistent will natürlich als erstes wissen, welche Adressen er einfügen soll.

Lena hat sich überlegt, dass sie alle Kunden zu einem Tag der offenen Tür einladen möchte. Dafür muss sie aber noch eine entsprechende Abfragetabelle erstellen.

Wissen Sie noch wie das geht? Nein? Dann schauen Sie schnell einmal unter *LibreOffice Base– Abfragen* nach (S. 35).

Nehmen Sie auf jeden Fall das Feld *Geschlecht* mit in Ihre Liste auf – wozu, das sehen wir später noch.

Lena hat ihre neue Tabelle passend *Abfrage Kundenliste Spielzeit* genannt.

Um diese Liste auszuwählen muss sie unter Punkt 1. den Button ADRESSLISTE AUSWÄHLEN anklicken.

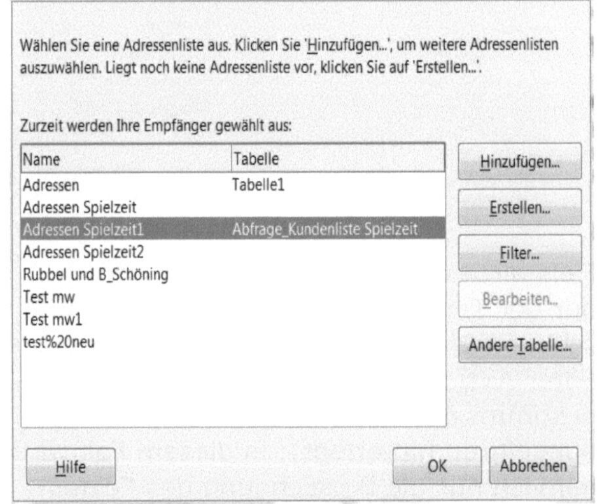

Leider ist ihre Liste in dem neuen Fenster, das sich jetzt geöffnet hat, nicht zu sehen. Deshalb muss sie sie HINZUFÜGEN mit Hilfe des einsprechenden Buttons und der Auswahl über den Datei-Explorer.

Klicken Sie nach der Auswahl der Tabelle auf OK.

Als nächsten muss der Adressblock ausgewählt werden. Der Assistent hält hierfür schon mehrere Vorschläge bereit.

Schauen Sie einmal nach, was sich hinter dem BUTTON MEHR verbirgt – ein Mehr an Adressblöcken!

Zum Glück ist auch ein Adressblock da, den wir nutzen können. Wir wählen:

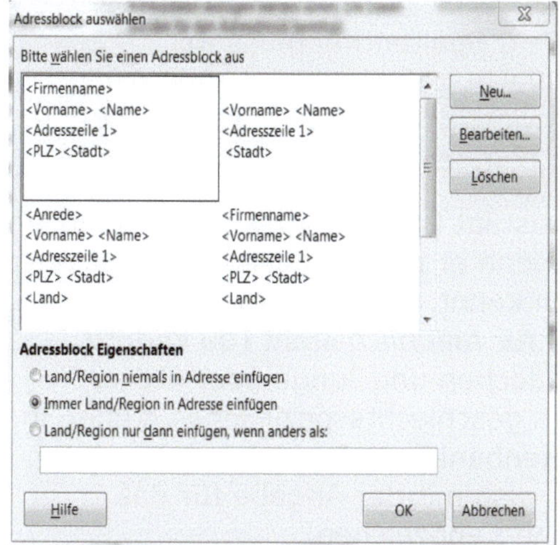

Falls alle Anschriften nicht passen sollten, können Sie diese unter BEARBEITEN nach Ihren Wünschen konfigurieren.

In unserem Fall müssen wir auf jeden Fall das Feld *Firmenname* entfernen, da es nicht benötigt wird, und der Assistent mit Leerfeldern nicht umgehen kann.

Wir stellen jetzt im unteren Bereich noch ein, dass IMMER LAND/REGION IN ADRESSE EINGEFÜGT werden soll (wenn die Infos dafür da sind) und klicken anschließend auf OK.

Im nächsten Fenster können Sie kontrollieren, ob Ihre gewählten Adressfelder auch mit den Feldern der Adressdatei übereinstimmen.

Schauen Sie sich ganz genau die Daten unter Punkt 4. des Fensters an:

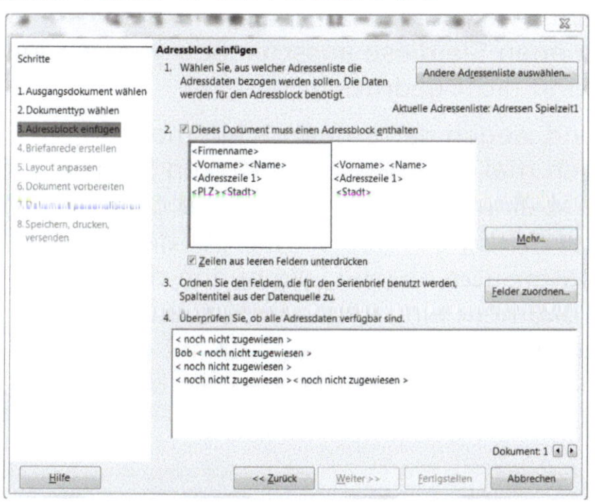

Nur ein einsamer Vorname taucht dort auf (Bob)! Alles andere wird als *noch nicht zugeordnet* bezeichnet. So was Dummes!

Kein Problem – dann ordnen wir es doch zu! Klicken Sie den Button FELDER ZUORDNEN an.

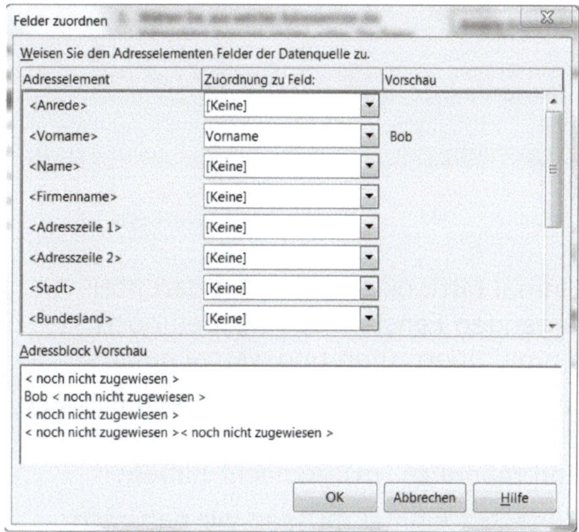

Hier können Sie nun Stück für Stück die Adressfelder passend machen. Also:

- *Anrede* bleibt frei, also *keine*
- *Vorname* ist *Vorname* wie in unserer Tabelle
- *Name* ist (schauen Sie im Drop-Down-Menü dieser Zeile nach) bei uns *Nachname* – deshalb konnte unser Assistent es nicht erkennen (dummer Kerl!)
- *Firmenname* haben wir im Moment auch nicht vergeben
- *Adresszeile 1* ist bei uns die *Adresse*
- *Adresszeile 2* benötigen wir nicht
- *Stadt* heißt in unserer Tabelle *Ort*
- und *PLZ* ist *Postleitzahl*
- *Geschlecht* ist auch bei uns *Geschlecht*

Haben Sie beobachtet, wie sich während der Zuordnung die Anschriftenangaben Stück für Stück eingestellt haben?

Jetzt müsste auch in Ihrer Vorschau eine komplette Adresse stehen:

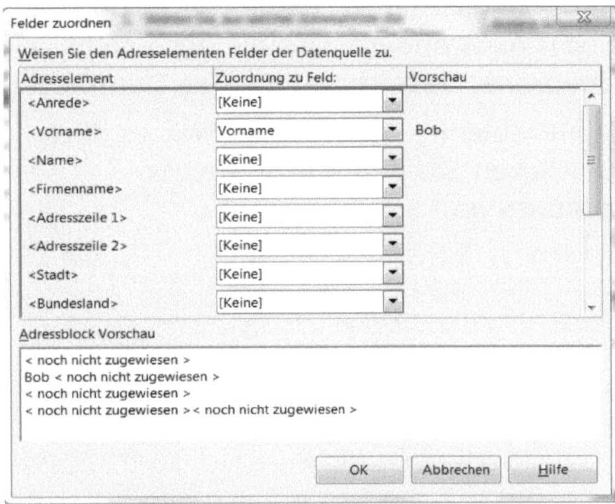

Einmal bitte OK drücken, im darunterliegenden Fenster die Angaben noch einmal überprüfen und WEITER geht`s.

Jetzt kommen wir zu den Angaben zurück, die wir in *LibreOffice Base* zu weiblich (w) und männlich (m) gemacht haben:

Zunächst einmal müssen wir natürlich bestimmen, dass wir überhaupt EINE BRIEFANREDE IN DAS DOKUMENT EINFÜGEN wollen – also das Häkchen davor setzen. Und ebenfalls ein Häkchen kommt vor PERSONALISIERTE BRIEFANREDE EINFÜGEN.

Die Feldfunktion für die *Briefanrede* erkennt an den Base-Angaben (w/m) nämlich automatisch wer Männlein und wer Weiblein ist, und wie der- oder diejenige ordnungsgemäß anzureden ist!

Das ist doch wirklich was Feines; da haben sich die Entwickler wirklich etwas Gutes einfallen lassen.

Damit das aber klappt, müssen Sie noch zwei Angaben machen (nutzen Sie dafür die Pfeiltasten für das jeweilige Drop-Down-Menü):

> Das Feld Spaltentitel muss mit Geschlecht gefüllt werden, und ganz, ganz wichtig: im Feld Feldinhalt muss dann zwingend w für weiblich stehen.

Der Assistent ist so programmiert, dass er dann, wenn er die Formulierung für weiblich kennt, automatisch annimmt, dass *m für männlich* steht (da könnte auch Mädchen und Junge oder etwas anderes geschlechtsspezifisches stehen in der Datenbank). Es funktioniert nur so herum, also mit der Angabe für das weibliche Kennzeichen!

Im nächsten Fenster kommt die Frage nach der Positionierung (des Adressblocks) im Brief. Die Vorschläge, die der Assistent macht, lassen wir erst einmal so stehen – wir können es später immer noch verschieben. Mal schauen, was passiert.

Jetzt sehen wir ein Fenster mit der Überschrift *Dokumentvorschau*. Wenn Sie mit der linken Maustaste in die graue Leiste am oberen Rand klicken und festhalten, können Sie das Feld etwas nach rechts ziehen. Und darunter sehen Sie den Brief mit Adressfeld und drei verschiedenen Anreden. In dieser Dokumentvorschau können Sie sich alle Anschriften im Brief ansehen (benutzen Sie die Links-/Rechts-Pfeile, und in der Mitte steht die Nummer des Datensatzes, den Sie gerade sehen). Mit dem Setzen eines Häkchens bei einzelnen Adressen können Sie diese ausschließen (sie werden dann nicht gedruckt).

Und wegen der drei Anreden machen Sie sich mal keine Sorgen - klicken Sie ruhig erst einmal auf WEITER. Es rollt ganz kurzfristig ein kleiner Film ab, der die Datensätze abzählt, die nun in das Dokument eingefügt werden, und dann erscheint ein neues Fenster mit der Überschrift *Personalisieren Sie die Serienbrief-Dokumente.*

Das wollen wir aber im Moment nicht tun. Wenn Sie jetzt das Bearbeitungsfenster wieder ein wenig zur Seite schieben, können Sie erkennen, dass der Assistent tatsächlich die richtige Anrede ausgewählt hat!

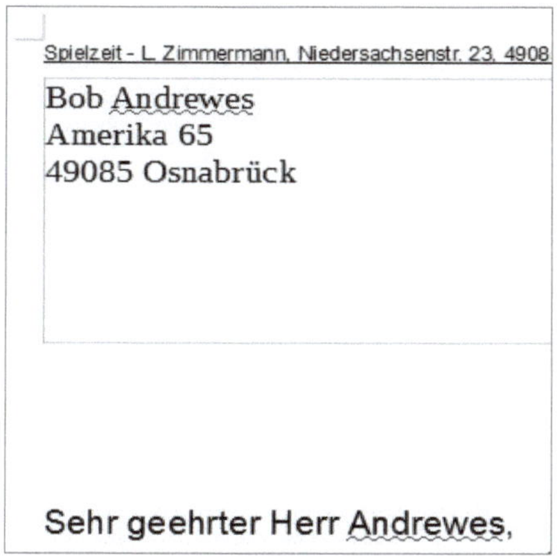

Spielzeit - L. Zimmermann, Niedersachsenstr. 23, 4908

Bob Andrewes
Amerika 65
49085 Osnabrück

Sehr geehrter Herr Andrewes,

Klicken Sie noch einmal auf WEITER. Nun müssen Sie überlegen, wie Sie das Dokument speichern möchten.

Entscheiden wir uns für SERIENBRIEF-DOKUMENT SPEICHERN, da wir mit der Formatierung der Briefvorlage noch nicht ganz fertig sind.

Lena und ich haben diesen Serienbrief zum Speichern *Serienbrief Kunden* genannt, nachdem wir ALS EIN DOKUMENT SPEICHERN ausgewählt haben (wichtig ist die Betonung auf *ein*, sonst wird für jede Adresse ein einzelnes Dokument gespeichert).

Jetzt noch einmal FERTIGSTELLEN drücken, und wir sind zurück in unserer Briefvorlage, nur mit den eingefügten Serienbrieffeldern.

Die automatisch eingefügten Felder und die Briefanrede haben uns aber unglücklicherweise unsere schöne anfängliche Formatierung über den Haufen geworfen. Und die Schrift in den Feldern ist auch nicht die, die wir für den ganzen Brief haben möchten. Außerdem steht zwischen dem Namen (Vorname und Name) und der Ortsangabe (PLZ und Ort) kein Leerraum.

Der Rahmen um den ganzen Adressblock herum gefällt uns auch nicht. Hier brauchen wir allerdings nichts zu ändern; wenn Sie sich die Druckvorschau ansehen (ein Klick auf das Icon DRUCKVORSCHAU), ist kein Rahmen weit und breit zu sehen – er zeigt in diesem Fall nur das Adressfeld an.

Aber wir müssen trotzdem noch einmal ran!

Zuerst wird der Adressblock verbessert, getreu dem Motto „Was nicht passt, wird passend gemacht!".

Klicken Sie einmal rechts neben den Nachnamen und dann einmal auf den Linkspfeil Ihrer Richtungszeiger. Der Curser müsste genau zwischen Vor- und Nachnamen stehen bleiben. Einmal auf die Leertaste gedrückt, und Sie haben die fehlende Lücke.

Das Gleiche tun Sie dann auch in der Zeile mit Postleitzahl und Ort.

Die Serienbrieffelder können nun einzeln oder gesamt (Mauszeiger festhalten und über den gesamten Adressblock fahren) zur Formatierung ausgewählt werden.

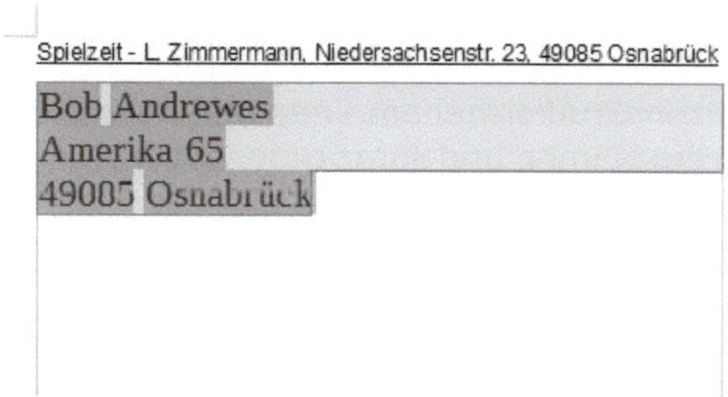

Spielzeit - L. Zimmermann, Niedersachsenstr. 23, 49085 Osnabrück

Bob Andrewes
Amerika 65
49085 Osnabrück

Wählen Sie in der Auswahlliste der Symbolleiste oder im Eigenschaftenbereich rechts Ihre gewünschte Schriftart und -größe aus.

Weiter geht`s zur Anredeformel:

Die Briefanrede passt zwar in der Schriftart aber nicht in der Größe. Markieren Sie alle drei Zeilen und passen Sie die Größe an.

Die Anrede *Sehr geehrte Damen und Herren* wird übrigens dann benutzt, wenn vergessen wurde, das Geschlecht in der Datenbank anzugeben. Manchmal gibt es in einer Firma auch einfach keinen spezifischen Ansprechpartner; dann steht nur die Firma im Anschriftenfeld.

Was hatten wir noch bemängelt?

Ach ja, die Betreffzeile steht nicht mehr über der Anrede und das Datum ist auch nicht mehr an der richtigen Stelle.

Markieren Sie die Betreffzeile und bereiten Sie sie zum Kopieren vor (rechte Maustaste oder Icon KOPIEREN in der Symbolleiste drücken).

Setzen Sie den Curser zwei Zeilen über die erste Anredezeile und geben Sie den Befehl zum Einfügen ([Strg]+[V]).

Jetzt können Sie die alte Betreffzeile löschen.

Das Gleiche machen Sie mit dem Datum (das geschriebene Wort Datum und den Feldbefehl für die automatische Datumsanpassung können Sie gleichzeitig markieren und kopieren). Setzen Sie es zwei Zeilen über die Betreffzeile und den Wortanfang auf die gleiche Höhe wie das Logo.

Speichern nicht vergessen!

Schreiben Sie jetzt Ihren Brief mit einer netten Grußformel am Ende und natürlich Ihrem Namen und Ihrer Unterschrift.

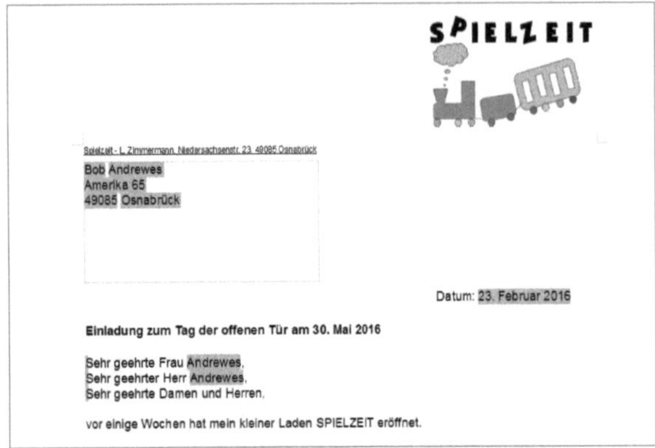
SPIELZEIT

Spielzeit - L. Zimmermann, Niedersachsenstr. 23, 49085 Osnabrück

Bob Andrewes
Amerika 65
49085 Osnabrück

Datum: 23. Februar 2016

Einladung zum Tag der offenen Tür am 30. Mai 2016

Sehr geehrte Frau Andrewes,
Sehr geehrter Herr Andrewes,
Sehr geehrte Damen und Herren,

vor einige Wochen hat mein kleiner Laden SPIELZEIT eröffnet.

Serienbrief drucken

Wie drucken Sie nun die Einladungen so aus, dass jeder Gast einen persönlichen Brief von Ihnen bekommt?

Ganz einfach: Klicken Sie das Druckersymbol in der Symbolleiste an. Es kommt nun sofort die Nachfrage, ob Sie einen Serienbrief drucken wollen. Ja, natürlich!

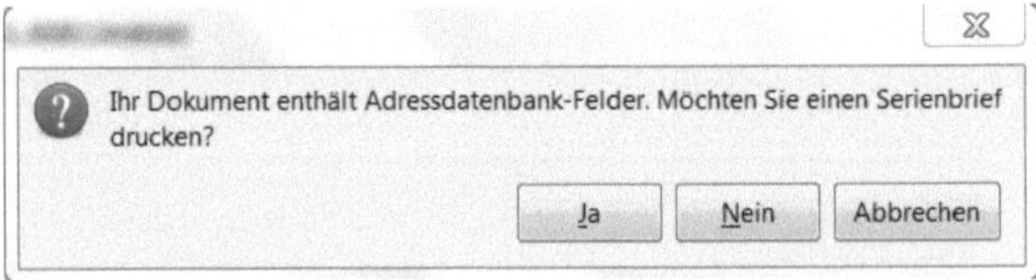

Jetzt dauert es ein kleines bisschen und dann erscheint ein Fenster mit den Angaben Ihrer Adressdatei.

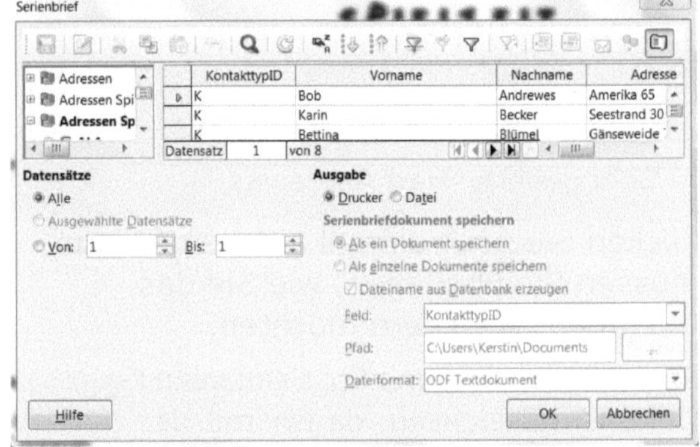

Hier können Sie noch einmal kontrollieren, ob Sie auch die richtige Adressdatei ausgewählt haben, ob Sie für alle Datensätze den Brief schreiben wollen oder nur für ausgewählte, oder ob Sie den Brief über Ihren Drucker ausgeben oder zunächst als Dateien speichern möchten.

Wählen wir probehalber einmal zwei Datensätze, die einen weiblichen Kunden und einen männlichen beinhalten und direkt hintereinander stehen (bei Lena sind das die Datensätze 6 und 7).

Nach dieser Auswahl auf OK drücken und im nächsten Fenster noch einmal nachschauen, ob das vorgeschlagene Ausgabegerät (der Drucker) auch stimmt.

Alles ok? Dann lassen Sie Taten folgen, und sagen Sie es Ihrem Drucker!

Ich habe die zwei ausgewählten Briefe im PDF-Format gedruckt und zu den Übungsdateien gepackt, als Ansichtsexemplare.

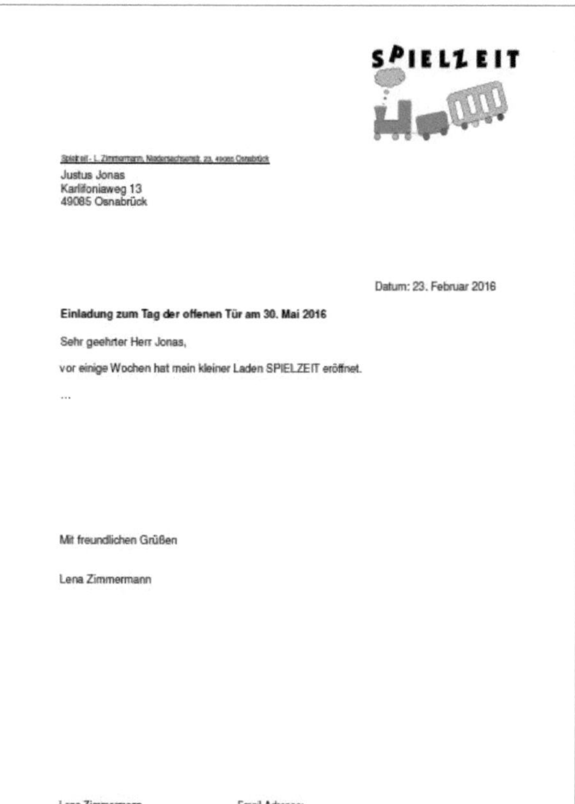

SPIELZEIT

Spielzeit - L. Zimmermann, Niedersachsenstr. 23, 49085 Osnabrück

Justus Jonas
Karlifoniaweg 13
49085 Osnabrück

Datum: 23. Februar 2016

Einladung zum Tag der offenen Tür am 30. Mai 2016

Sehr geehrter Herr Jonas,

vor einige Wochen hat mein kleiner Laden SPIELZEIT eröffnet.

...

Mit freundlichen Grüßen

Lena Zimmermann

Lena Zimmermann
Niedersachsenstr. 23
49085 Osnabrück
Telefon: 0541/263358
Fax: 0541/263359

Email-Adresse:
l.zimmermann@spielzeit-os.de
Internet:
www.spielzeit-os.de

■ Herzlichen Glückwunsch!

Jetzt können Sie sich ganz tüchtig auf die Schulter klopfen!

LibreOffice Impress

Bei Lena ist jetzt nach all dem Anfangsstress etwas Routine eingekehrt im täglichen Geschäftsbetrieb. Sie hat in den letzten Monaten tolle Kunden gefunden, und ihr Laden ist sogar schon über die Stadtgrenze hinaus bekannt.

Nun könnte sie sich eigentlich etwas zurücklehnen wenn, ja wenn da nicht noch die Einladung vom örtlichen Arbeitsmarktforum wäre. Sie wurde gebeten, über ihren Start in die Selbstständigkeit eine Präsentation auf der nächsten öffentlichen Veranstaltung zu halten.

Lena hat sich dann entschieden, *Libre Office Impress* dafür zu nutzen und gleichzeitig einen kleinen schriftlichen Bericht zu verfassen, den sie dort auch vortragen kann.

Das englische Verb *to impress* bedeutet im Deutschen *beeindrucken*. Man spricht z.B. auch von Impressionen einer Reise, also von den Eindrücken. Mit *Impress* können Sie also einen (hoffentlich) guten Eindruck hinterlassen. Schauen wir mal!

Fangen wir also an – ÖFFNEN Sie *LibreOffice Impress* über die SEITENLEISTE DES LIBREOFFICE STARTBILDSCHIRMS.

Im sich öffnenden Fenster werden Sie wahrscheinlich gleich mit der Frage gelöchert, welche *Vorlage* Sie nutzen möchten.

Da wir aber die Vorlagen nur angeboten bekommen möchten, wenn wir es wollen, nehmen wir das Häkchen unten links im Vorlagenfenster (diesen Dialog beim Programmstart anzeigen)weg und klicken anschließend auf ABBRECHEN.

Natürlich wollen wir eine neue Präsentation erstellen, und nachdem sich der Vorlagenordner geschlossen hat, sehen wir auch schon die erste Folie, die sofort bearbeitet werden kann.

Angelehnt an die frühere Art der Präsentation mit Overheadprojektoren, werden die einzelnen Bilder immer noch Folien genannt.

So sieht sie also aus, die erste Folie.

Schauen Sie sich zunächst wieder in Ruhe auf der Oberfläche um. Es sieht ein bisschen aus wie in *LibreOffice Draw,* und das Arbeiten hier hat auch tatsächlich Ähnlichkeit damit.

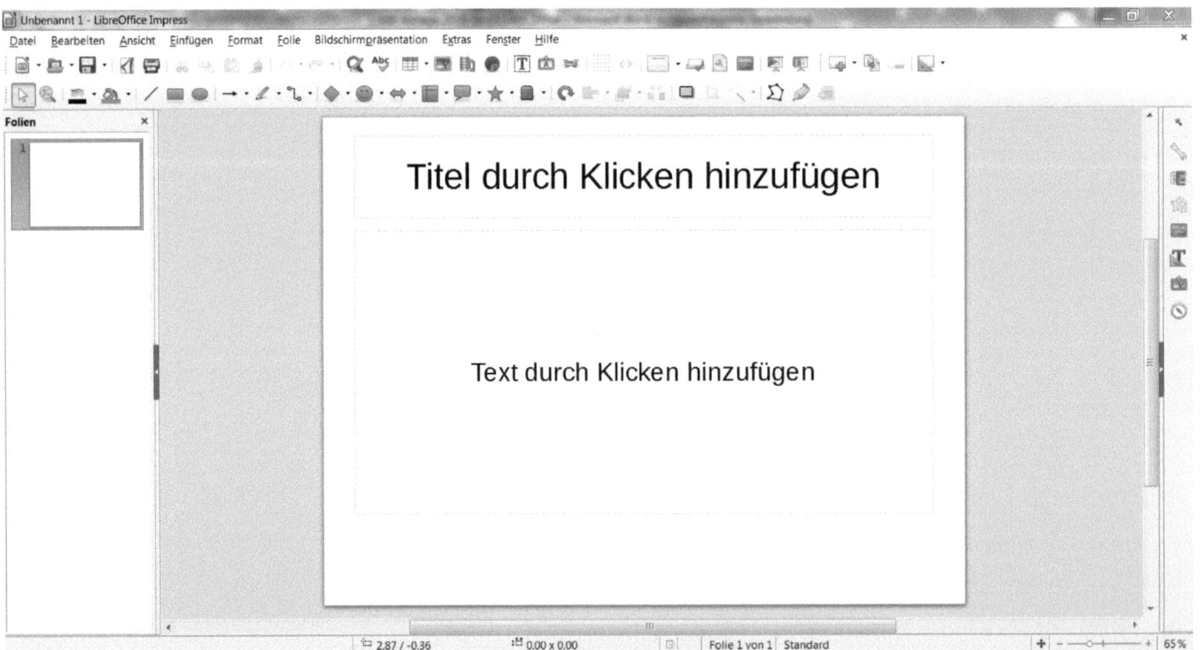

Nach der ersten Orientierung überlegen Sie sich am besten schon jetzt, wie Sie die Präsentation aufbauen möchten. Denken Sie darüber nach, ob es eine Darstellung werden soll, die Ihren mündlichen Bericht ergänzt und untermalt, oder ob es vielleicht eine Serie von Bildern werden soll, die für sich selbst sprechen und vielleicht bei einer Messe als Endlosschleife laufen sollen.

Eine persönliche Bitte von mir (ich bezeichne mich scherzhaft manchmal als vortragsgeschädigt):

Sehen Sie Ihre Präsentation als willkommene Visualisierung Ihres Berichts und als Abwechslung für Ihre Zuhörer! Trauen Sie sich, Farbe (aber nicht zu viel)und Humor ins Spiel zu bringen! Und sonst nur wichtige Schlagworte und Zahlen als Merksätze.

Ich finde, dass es fast nichts Ermüdenderes gibt, als eins zu eins von der Leinwand abgelesene Folien.

Achtung, Humor: Schauen Sie sich doch über www.youtube.com einmal das Video *Don McMillan Life after Death by PowerPoint 2010* an; es ist auch ohne Englisch-Kenntnisse gut zu verstehen.

Lena hat sich für eine bildliche Unterstützung ihres Berichtes entschieden und möchte nun einfach nur ein paar ganz klare Botschaften dort unterbringen.

Doch zunächst erstellt sie eine *Titelfolie*, die auch vor Beginn des Berichts ruhig längere Zeit auf der Leinwand zu sehen sein kann (etwa während der Zeit, wenn das Publikum langsam eintrudelt und sich Sitzplätze sucht).

Nach der Titelfolie folgen die Tafeln, die ihren Bericht untermalen sollen und dann vielleicht ein paar Notizen und Zahlen, die beim Publikum hängen bleiben sollen.

Auf geht´s!

Titelfolie

Die Titelfolie ist so etwas wie das Deckblatt der Präsentation, hat daher oft eine etwas andere Formatierung und enthält den Titel des gesamten Werkes.

Lena möchte einfach vor einem ansprechenden Hintergrund das Logo ihres Ladens in der Mitte und darunter ihren Namen, die Anschrift und ihre Telefonnummer unterbringen.

Leider entspricht die Aufteilung der ersten Folie nicht ihrer Vorstellung und sie schaut im rechten *Eigenschaftenfeld* unter *Layouts* nach, ob es eine besser passende Vorlage gibt:

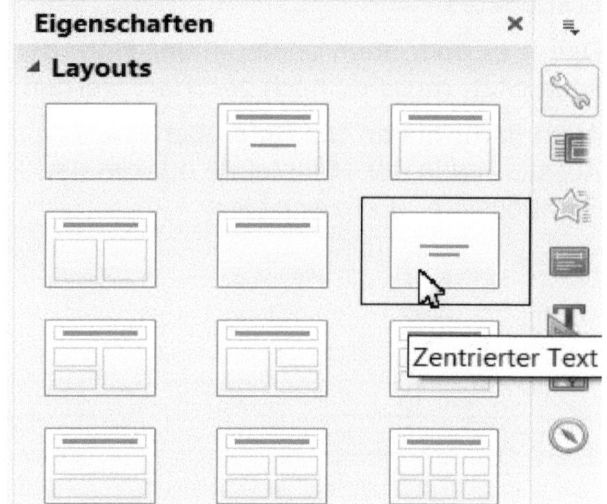

Sie wählt die Folie ganz rechts in der zweiten Zeile mit der Bezeichnung *Zentrlerter Text*.

Hier, wie auch auf den anderen Folien können Sie den Textrahmen auf der Bearbeitungsfolie in der Mitte anklicken und verändern:

- VERSCHIEBEN Sie den oberen Rand bis unter die Bildmitte nach unten.
  Jetzt ist im oberen Teil Platz für das Logo, das jetzt eingefügt wird.
- Suchen Sie in der Symbolleiste das Icon BILD EINFÜGEN, klicken Sie es an, wählen Sie das Logo aus.

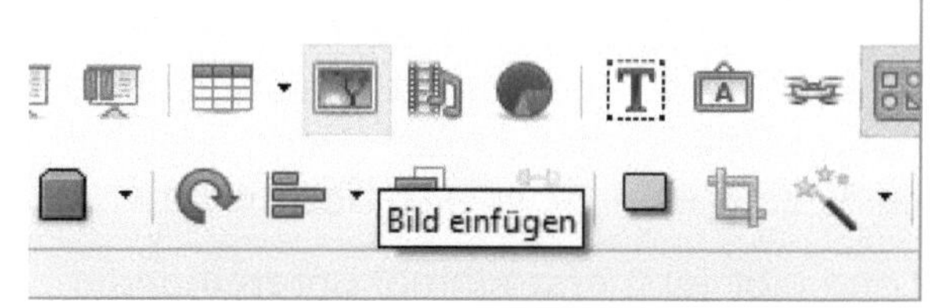

- Mit einem DOPPELKLICK AUF DIE DATEI oder einen EINFACHKLICK auf den BUTTON ÖFFNEN wird das Bild in die erste Folie eingefügt.

Nun befindet sich das Bild aber nicht dort, wo wir es gerne hätten, und die Größe ist auch noch nicht ganz nach unserem Geschmack.

Da das Bild jetzt noch von kleinen grünen Quadraten umsäumt sein müsste (wenn nicht, klicken Sie einmal darauf), können Sie es mit Hilfe der linken Maustaste einfach VERSCHIEBEN (nach oben) und VERGRÖßERN oder VERKLEINERN (über die Eckpunkte).

Damit es aber auch genau in der Mitte der Folie sitzt, muss es noch *zentriert* werden.

Auch dafür finden Sie Hilfe über FORMAT | AUSRICHTEN in der Menüleiste oder in der Symbolleiste, und zwar hier:

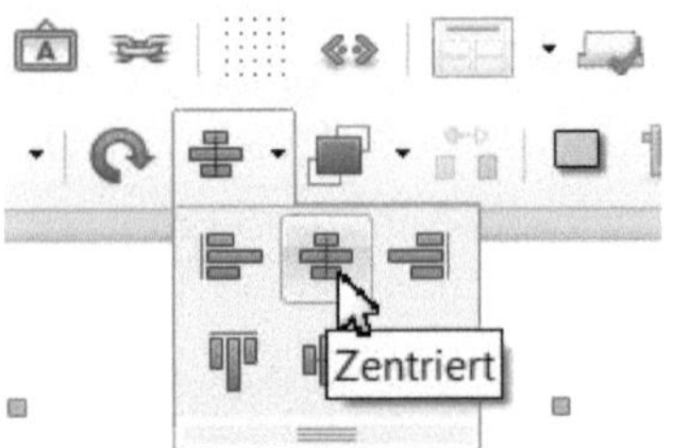

Achten Sie darauf, dass das Bild noch markiert ist, sonst wirkt die Anweisung nicht – oder auf etwas anderes, das Sie eigentlich nicht zentrieren wollten.

Ja, das gefällt uns – jetzt zum Textfeld!

Textfeld

Das steht: *Text durch Klicken hinzufügen*.

Na, dann KLICKEN SIE MAL IN DAS FELD! Der vorher dort stehende Text verschwindet und Sie können Ihren eigenen eingeben.

Haben Sie beobachten, dass sich das rechte Eigenschaftenfeld von der Layoutauswahl in die Auswahlmöglichkeiten für Schrift geändert hat? Das Programm merkt nämlich, um was für eine Art Feld es sich handelt und bietet Ihnen gleich die dafür vielleicht benötigten Werkzeuge an. Ganz so dumm ist es also doch nicht.

Lena gibt jetzt erst einmal untereinander ihren Namen, Straße und Ort ihres Geschäfts und Telefonnummer, E-Mail-Adresse und Internetpräsenz an; jeweils zentriert, aber in der Schriftart *Arial* und mit kleinerer Schriftgröße.
Leider hat sich hier aber die sogenannte *Autoformatierung* eingemischt und die Angaben über E-Mail und Internet auf besondere Art markiert:

Lena Zimmermann
Niedersachsenstraße 23
49085 Osnabrück
l.zimmermann@spielzeit-os.de
Www.spielzeit-os.de

In einem Text, den Sie auf Ihrem Rechner schreiben oder lesen, zeigt eine solche Markierung an, dass Sie sie anklicken können und sofort eine Verbindung zu Ihrem E-Mail-Programm bekommen oder direkt zu einer Webseite im Internet gelangen. Probieren Sie es einmal aus mit der Internetadresse www.knowware.de, die Sie auf ein leeres *LibreOffice-Writer-*Dokument schreiben; anschließend einfach mit [STRG] und Klick mit der linken Maustaste auf die Schrift und Sie sind bei *KnowWare*.

Das ist aber auf einer Präsentationsfolie nicht sinnvoll. Also weg damit, aber wie?

Klicken Sie mit der rechten Maustaste die markierte Textpassage an und wählen Sie aus dem sich öffnenden Kontextmenü DIREKTE FORMATIERUNG LÖSCHEN. Die Schrift müsste nun aussehen wie die übrige.

In *LibreOffice Writer* klicken Sie im Kontextmenü auf HYPERLINK ENTFERNEN.

Und noch eine *Autoformatierung* hat sich eingeschlichen: das erste W bei www.spielzeit-os.de ist groß geschrieben.

Autoformatierungen sind in der Regel hilfreich, aber schießen manchmal über das Ziel hinaus. Also: Immer noch mal prüfen, ob wirklich alles so auf dem Blatt oder der Folie steht, wie man es wünscht. Es kann auch sinnvoll sein, die Autoformatierung abzuschalten oder zu ändern – das geht hier: (siehe Bild auf der nächsten Seite)

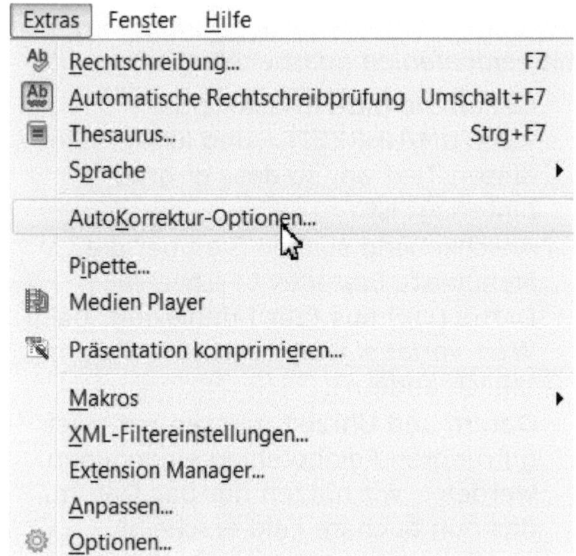

Nachdem das geklärt ist, formatieren wir die Schrift noch ein wenig im Hinblick auf Größe und Stärke, so wie es uns und Ihnen gefällt.

Wenn Sie jetzt das Textfeld verlassen und in einen leeren Bereich der Folie klicken, können Sie links oben in der kleinen *Vorschaufolie* das Ergebnis auch noch einmal im Überblick sehen. Bezeichnet ist die Folie mit einer kleinen 1.

Wenn Ihnen die Vorschau zu klein ist (Sie möchten vielleicht mehr Details sehen), dann führen Sie den Mauszeiger auf die schmale Leiste zwischen Folienleiste und Hauptbild; der Mauszeiger verwandelt sich in einen Pfeil mit zwei Spitzen. Jetzt können Sie diese Leiste nach rechts oder links verschieben (mit gedrückter linker Maustaste) – und damit vergrößern oder verkleinern sich auch die Vorschaubilder.

Mögen Sie den Hintergrund (der ja eigentlich gar keiner ist)? Nein? Wir auch nicht besonders. Mal schauen, ob sich da noch etwas machen lässt.

Da das Logo einen weißen Hintergrund hat, entscheiden wir uns, es fein zu umrahmen, damit es sich besser abhebt:

Mit der rechten Maustaste aufs Bild klicken und je nach Geschmack die *Linienart und -farbe* des Rahmens auswählen.

Der Hintergrund soll sich vornehm zurückhalten, aber nicht weiß sein – blassgelb wäre eine Option.

Klicken Sie noch einmal mit der rechten Maustaste in einen freien Bereich der Folie und benutzen Sie EINSTELLUNGEN. Jetzt können Sie sich einen netten Hintergrund aussuchen.

Das ist unser vorläufiges Endergebnis:

Speichern nicht vergessen!

Folienmaster

Nun kommt wie bei einem Buch der Inhalt dran. Und hier sollten die folgenden Seiten von der Gestaltung her gleich erscheinen (mit wechselndem Inhalt natürlich).

Damit wir sofort sehen, welche Auswirkungen unser Tun auf der Folie hat, fügen wir eine zweite Seite ein:

Klicken Sie mit der rechten Maustaste in das linke Feld mit den Folien und dann im Drop-Down-Menü auf NEUE FOLIE – Folie Nummer zwei ist da! (Siehe Bild auf der nächsten Seite.)

Manchmal müssen Sie zunächst einmal mit der linken Maustaste in das Vorschaufeld klicken, um eine Aktualisierung anzustoßen.

Für eine Seitennummerierung und die Anzeige unseres Namens und des Erstellungsdatums auf jeder Seite (es können natürlich auch andere Informationen gewählt werden), müssen wir diese Angaben im *Folienmaster* angeben. Und den finden Sie in der Menüleiste unter ANSICHT | FOLIENMASTER.

Format des Titeltextes durch Klicken bearbeiten

- Format des Gliederungstextes durch Klicken bearbeiten
  - Zweite Gliederungsebene
    - Dritte Gliederungsebene
      - Vierte Gliederungsebene
        - Fünfte Gliederungsebene
          - Sechste Gliederungsebene
            - Siebte Gliederungsebene

<Datum/Uhrzeit> <Fußzeile> <Foliennummer>

Da wir die Titelfolie ja bereits erstellt haben und einen Gliederungstext jetzt nicht benötigen, widmen wir uns der Fußleiste der Folie.

Wie bereits bei *LibreOffice Writer* wird hier mit *Feldbefehlen* gearbeitet.

- Gehen Sie bitte in das Feld <DATUM/UHRZEIT> und klicken Sie diesen Text an, so dass er grau hinterlegt ist.
- Anschließend suchen Sie über die Menüleiste EINFÜGEN | FELDBEFEHL | DATUM (FIX) aus (zur Erinnerung: beim Wert *variabel* würde sich das Datum täglich ändern).
  Datum und Uhrzeit müssen mit zwei getrennten Feldbefehlen eingegeben werden – wir nutzen nur das Datum, das nun auch im Feld erscheint.
  Aber wieder gefällt uns die Darstellung nicht, und auch die Schrift ist nicht die, die wir gerne hätten.
- Also weiter: Setzen Sie den Curser vor das Datum und drücken Sie die rechte Maustaste – es erscheint ein Kontextmenü, aus dem Sie das Datumsformat wählen können.

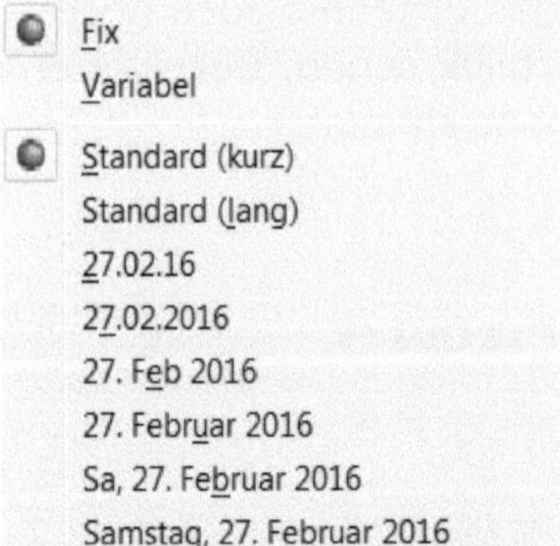

- Nun fahren Sie mit gedrückter linker Maustaste zum Markieren über das Datum und suchen sich Schriftart und -größe aus.
  Auch wenn´s vielleicht langweilig ist, nimmt Lena wieder *Arial* und bleibt bei Größe 14.

Alles soll nun am unteren Rand stehen, tut es aber nicht. Schauen wir noch einmal in der Symbolleiste nach den Ausrichte-Möglichkeiten und schubsen wir das Datum nach unten, in dem wir im rechten *Eigenschaftenfeld* unter *Absatz* das ICON UNTEN AUSRICHTEN anklicken.

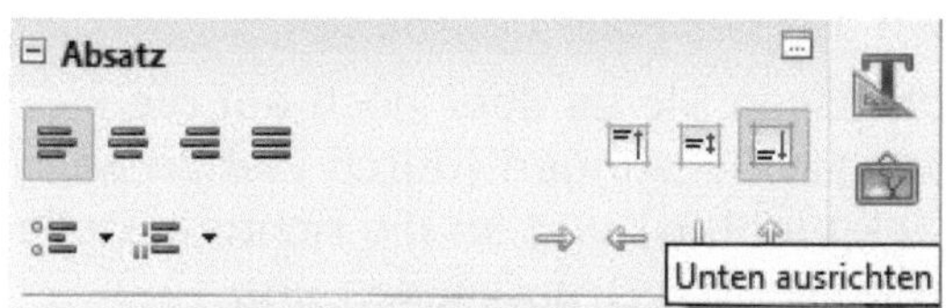

In das *Feld Fußzeile* will Lena ihren Namen und den Namen ihres Geschäfts einsetzen.

- Also: Begriff *Fußzeile* markieren, über die Menüleiste EINFÜGEN | KOPF-/ FUßZEILE auswählen, bitte FUßZEILE ANHAKEN und in dem leeren Kästchen neben *Fußzeilentext* die gewünschten Informationen eingeben.
- Anschließend klicken Sie auf AUF ALLE ANWENDEN und das Fenster schließt sich wieder.

Auch die Fußzeile rücken wir ganz nach unten an den Rand (UNTEN AUSRICHTEN), und die Schrift sollte natürlich aussehen wie die aus der Datumsangabe (falls das Speichern nicht sofort klappt, probieren Sie es mit: FELD MARKIEREN und über Menüleiste FORMAT | ZEICHEN).

Sind Sie bereit zum Ergebnischeck?

Wählen Sie mutig in der Menüleiste ANSICHT | NORMAL und Ihre Taten werden sichtbar! Zufrieden?

So in etwa sollte es aussehen:

Aber etwas ist doch noch schief gegangen: Auf der Titelfolie ist all das auch zu sehen! Das wollten wir eigentlich nicht!

Noch mal über die Menüleiste zu EINFÜGEN | KOPF-/FUßZEILE und das Kästchen neben AUF DER ERSTEN FOLIE NICHT ANZEIGEN ANHAKEN.

Wieder den AUF-ALLE-ANWENDEN-BUTTON DRÜCKEN und alles ist in Ordnung!

Weitere Folien

Das soll ja nun nicht alles gewesen sein. Lenas Bericht ist mehrere Seiten lang und sie hat ihn ganz pragmatisch *Vom Angestelltendasein in die Selbstständigkeit* genannt. Es gäbe sicherlich witzigere Titel, aber da sie den Vortrag vor dem Arbeitsmarktforum halten soll, entscheidet sie sich für eine entsprechend seriöse Ansprache.

- Wählen Sie unsere gerade erstellte zweite Folie aus (eine neue Folie erscheint immer nach der gerade markierten)
- Färben Sie den Hintergrund gelb (Rechtsklick, EINSTELLUNGEN | HINTERGRUND)
- Auf OK klicken und fertig ist`s.
- Geben Sie als Text den Berichtstitel ein (Textzeile 48 pt, Leerzeile 22 pt, Textzeile 48 pt, Leerzeile 22 pt, Textzeile 48 pt – Arial fett – Achtung: Großbuchstaben am Wortanfang kontrollieren)

Damit das Ganze im Vorschaufenster sichtbar wird, müssen Sie dieses (Folie 2) EINMAL ANKLICKEN.

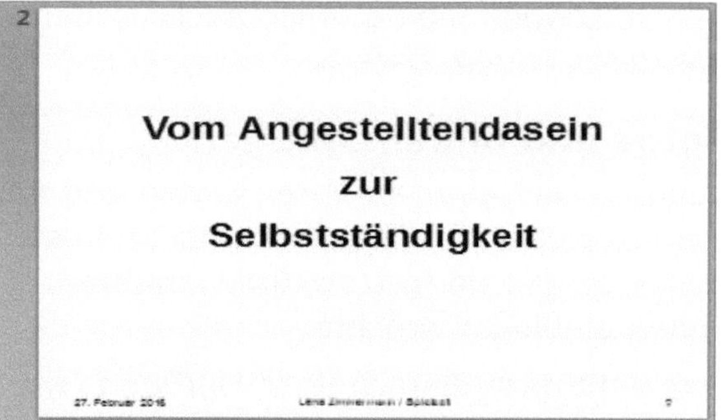

> Die umrahmte Folie im Vorschaufenster, ist immer die, die Sie gerade bearbeiten.

Nächste Folie (mit Rechtsklick in den linken Vorschaubereich, dann NEUE FOLIE) oder über die Menüleiste FOLIE | NEUE FOLIE öffnen.

Jetzt geht`s Schlag auf Schlag weiter.

Folie 3: Lena möchte jetzt eigentlich nur noch Bilder und Graphiken nutzen und wählt deshalb aus der Layoutliste (rechtes Feld) die komplett blanke Folie.

Sie bedient sich ausgiebig aus dem Topf der *LibreOffice-Galerie (Gallery)* durch auswählen und auf die Folie ziehen.

Folien 4 und 5 erstellt sie auch auf diese Art und Weise – klappt ja auch wunderbar.

Nun möchte Sie Folie für Folie etwas hinzufügen und nicht jede Seite wieder neu aufbauen. Das geht ganz einfach:

Klicken Sie auf FOLIE DOPPELN (entweder IM VORSCHAUBEREICH oder über die MENÜLEISTE | FOLIE) und Sie können auf der neuen alten Folie weiterarbeiten.

Für den Folientitel in der Mitte dieser Folie hat Lena ein *Textfeld* eingefügt.

Im Vorschaubereich oder über MENÜLEISTE | FOLIE können Sie natürlich auch vorher MARKIERTE FOLIEN LÖSCHEN.

Fotos und Bilder einfügen

Lena ist sehr stolz auf ihren Laden und hat immer wieder zwischendurch dort Fotos gemacht, die sie jetzt natürlich in ihre Folien einbinden möchte.

Das geht ganz einfach über *Einfügen* (wie in *LibreOffice Draw*):

Eine Folie hinzufügen und dann entweder das ICON BILD ANKLICKEN oder aus der MENÜLEISTE EINFÜGEN | BILD auswählen.

Suchen Sie dann aus Ihrem Fundus das Foto oder die Graphik heraus, die Sie einfügen möchten, und klicken Sie ÖFFNEN an (ein Doppelklick mit der linken Maustaste auf den Dateinamen tut´s auch). Das Bild erscheint auf der Folie.

- Bild auf der Folie bearbeiten

Jetzt müssen Sie es aber noch auf die richtige Größe bringen (durch Ziehen an den Eckpunkten) und an die richtige Stelle schieben (durch Draufklicken und Festhalten der linken Maustaste).

Wenn Sie nur einen Ausschnitt des Fotos haben möchten, klicken Sie das Bild an, und wählen Sie über das Drop-Down-Menü der rechten Maustaste BILD ZUSCHNEIDEN.

Jetzt können Sie mit Hilfe der Markierungen den Ausschnitt festlegen, und ein Klick auf die Taste Enter manifestiert den Ausschnitt auf der Folie.

Mit der Taste RÜCKGÄNGIG in der Symbolleiste können Sie das wie immer ungeschehen machen - man vertut sich ja doch leicht mal!

Über das Foto des Ladeneingangs schreibt Lena noch in ein Textfeld das Datum der Geschäftseröffnung und zentriert auch dieses Textfeld.

Und – ganz wichtig – rechts direkt unter das Foto schreibt sie mit kleiner Schrift (Textfeld einfügen!) den Namen oder die Herkunft (eventuell eine Bilddatenbank), des gezeigten Bildes.

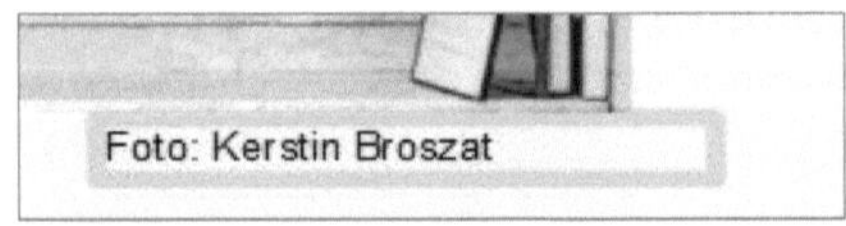

Achtung, Abmahnfalle: Achten Sie bei der Verwendung von Fotos oder sonstigen Bildern immer darauf, dass die Herkunft angegeben wird. Falls Sie Bilder aus dem Internet verwenden, erkundigen Sie sich vorher, ob diese frei verwendbar sind oder eventuell eine Gebühr zu zahlen ist. Sonst kann es teuer werden in Form einer anwaltlichen Abmahnung.

Diagramm erstellen

Jetzt wollen wir dem Publikum zu guter Letzt noch ein schönes Diagramm mit der Entwicklung von Lenas Einnahmen und Ausgaben präsentieren.

Zuerst muss wieder eine neue Folie her – Sie wissen ja jetzt, wie das geht!

Anschließend suchen Sie das ICON FÜR DIAGRAMM EINFÜGEN in der Symbolleiste und klicken darauf:

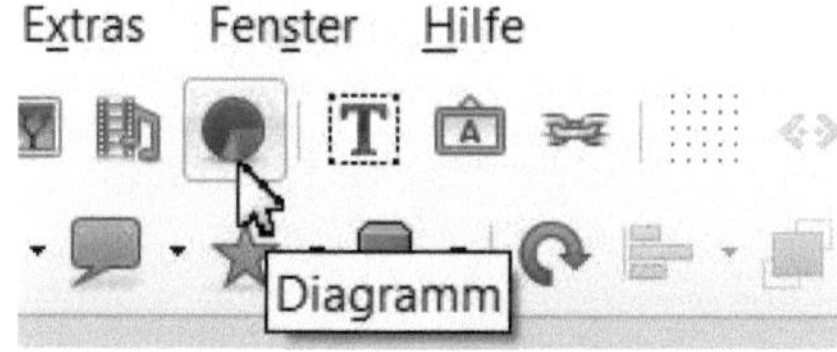

Alternativ können Sie über die MENÜLEISTE EINFÜGEN | DIAGRAMM... wählen.

Es öffnet sich – oh Wunder! – ein Bild mit einem *Balkendiagramm*, das nun bearbeitet werden kann.

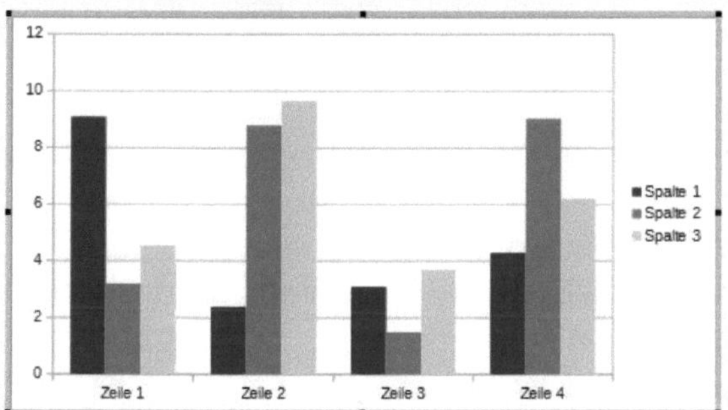

Wir benötigen aber sechs Monate und je einen Balken für Einnahmen und einen für Ausgaben.

Schauen wir uns das Ganze doch einmal genauer an:

Die Menü- und die Symbolleiste haben sich verändert und zeigen nun Bearbeitungsmöglichkeiten für das Diagramm!

- Als erstes formatieren wir wieder einmal die Schrift, und zwar über das Symbol LEGENDE: anklicken, SCHRIFTART UND -GRÖßE aussuchen und den OK-Button drücken.
- Jetzt vergeben wir noch einen Diagrammtitel: Klicken Sie in der Symbolleiste die Schaltfläche für TITEL an, und schreiben Sie im nächsten Fenster in die Zeile *Titel* den gewünschten Titel und eventuell noch einen Untertitel.
- Die *X-Achse* ist in der Regel die waagerechte – diese nennen wir *Zeit.*
- Und die *Y-Achse*, also die senkrechte Achse soll bei uns *Betrag* heißen.
- Alles ok? Dann DRÜCKEN SIE OK!

Jetzt benötigen wir aber pro Monat zwei und nicht drei Balken, und vielleicht kann man die Farbe auch noch ändern?

■ Datentabelle ändern

Das geht mit dem Drop-Down-Menü der rechten Maustaste. Klicken Sie also mit dieser Taste in das Diagrammfeld und dann auf DATENTABELLE.

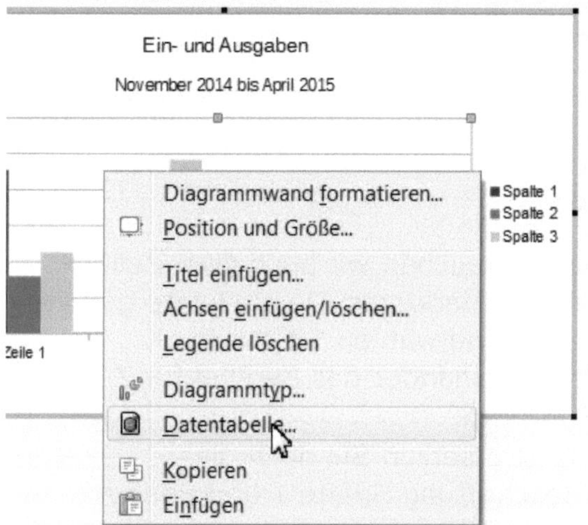

Und jetzt öffnet sich das Eingabefenster mit den Beispieldaten, die wir anpassen wollen.

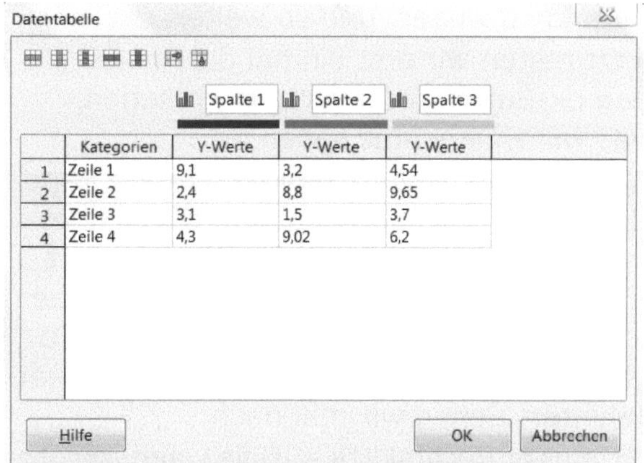
Datentabelle

		Spalte 1	Spalte 2	Spalte 3
	Kategorien	Y-Werte	Y-Werte	Y-Werte
1	Zeile 1	9,1	3,2	4,54
2	Zeile 2	2,4	8,8	9,65
3	Zeile 3	3,1	1,5	3,7
4	Zeile 4	4,3	9,02	6,2

Hilfe OK Abbrechen

Schauen Sie sich das Beispieldiagramm noch einmal an – wir möchten ja nur zwei Vergleichswerte (Einnahmen und Ausgaben), aber sechs Zeiträume (die Monate November 14 bis April 15) haben. Die Balken (im Fenster *Datentabelle* mit *Spalten* bezeichnet) sind also die Einnahmen und Ausgaben, die Anzahl der Dreierblöcke entspricht den Zeiträumen (in der Datentabelle sind 4 *Zeilen* dafür vorhanden).

Ändern wir das:

- Zuerst löschen wir den gelben Balken, hier mit Spalte 3 benannt. Markieren Sie unter der gelben Markierung die Spaltenüberschrift und klicken Sie das Icon für DATENREIHE LÖSCHEN an; das funktioniert wie bei *LibreOffice Calc*.

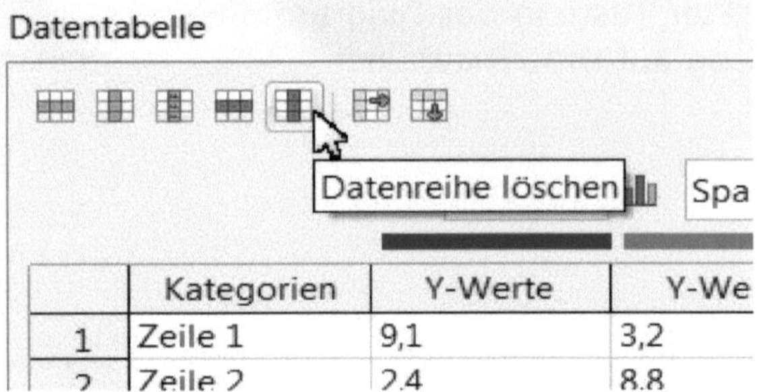

- Nun brauchen wir noch zwei Zeilen mehr. Markieren Sie die letzte gefüllte Zeile und wählen Sie zweimal hintereinander das Symbol für ZEILE EINFÜGEN.
- Jetzt ersetzen Sie noch die Beschriftung Spalte 1 und Spalte 2 durch Einnahmen und Ausgaben direkt in diesen Textfeldern.
- Und in die Zeilen unter *Kategorie* schreiben Sie November 14, Dezember 14, und so weiter, und so weiter.

Jetzt testen wir erst einmal die Ansicht: Den OK-Button drücken und wir sehen, was wir angerichtet haben.

Wir haben zwar zwei Balken, die am Rand als *Einnahmen* und *Ausgaben* bezeichnet werden, aber als Monatsname steht dort ein Datum (das war auch bei der Eingabe schon so seltsam umgewandelt worden). Da steckt bestimmt wieder ein Autoformat dahinter! Sehen wir mal nach:

Mit einem Rechtsklick auf die waagerechte X-ACHSE oder das entsprechende Icon in der Menüleiste öffnet sich wieder ein Drop-Down-Menu; wählen Sie dieses Mal ACHSE FORMATIEREN.

Hier können Sie noch einmal Feinheiten einstellen. Sollte im Bereich des Reiters *Zahlen* alles blass sein und Sie können dort nichts einstellen, nehmen Sie einmal das Häkchen neben Quellformat (rechts unter Sprache) WEG.

Nun stellen sie unter Datum das Format *Dezember* ein. Und ein Ok!

Hat´s funktioniert? Gut!

- Nun müssen wir am Ende noch unsere Daten eingeben. Also wieder die Datentabelle öffnen und eintippen.
- Und mit OK schließen Sie die fertige Tabelle.

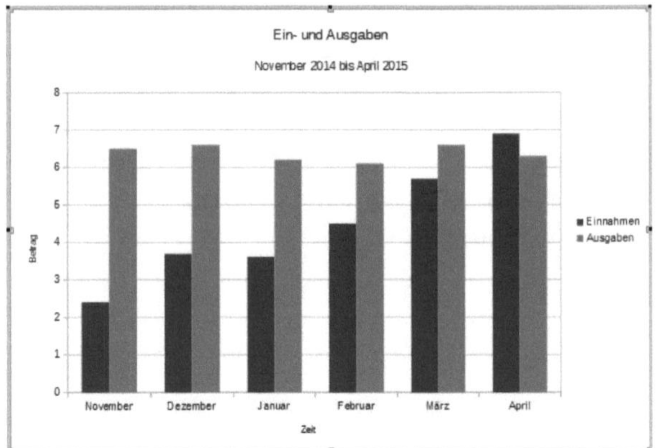

Stopp! Wir wollten ja noch die Balken anders färben! Ist es zu spät dafür? Nein, natürlich nicht!

Klicken Sie MIT der rechten Maus auf einen der Balken und anschließend auf DATENREIHE FORMATIEREN. Jetzt können nach Lust und Laune die Balken, die mit einem kleinen Quadrat markiert sind, von ihrem Farbeschmack überzeugen.

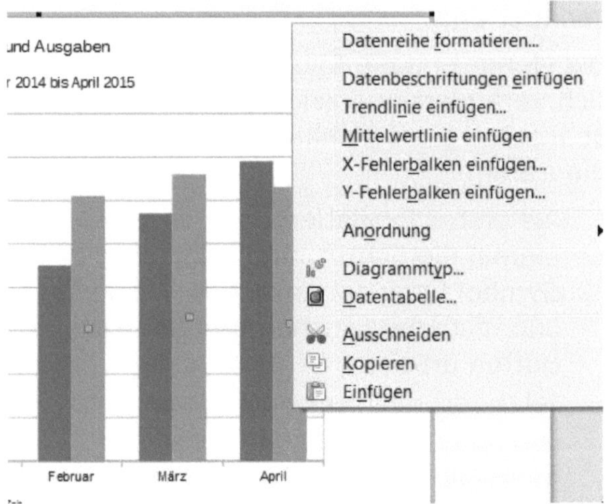

- Mit Ziehen an den Ecken können sie die gesamte Tabelle noch vergrößern oder verkleinern.
- Und mit einem letzten Klick auf eine freie Fläche auf der Folie landen Sie wieder im *Folienbereich* zum Bearbeiten der gesamten Folie (und nicht nur des Diagramms).

Das kann sich sehen lassen und überzeugt auch das Publikum:

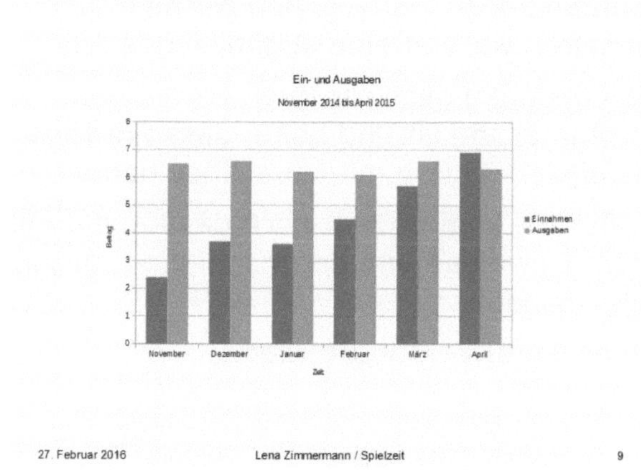

Nun noch eine letzte Folie, nämlich die Zusammenfassung des Gehörten und Gesehenen.

Noch einmal alles in Kurzform, damit auch der Anfang eines vielleicht langen Vortrags nicht am Ende schon vergessen ist.

Und ein nettes Dankeschön an Ihre Zuhörer darf natürlich auch nicht fehlen!

Gespeichert?

Eines möchte Lena aber eigentlich auf ihren Folien noch unterbringen – nämlich das Logo ihres Geschäftes. Möglichst auf jeder Folie rechts oben, damit es in den Köpfen bleibt.

Wir haben das so gelöst:

- Da das Logo auf der Titelseite ja schon groß in der Mitte prangt, haben wir es mit der rechten Maustaste angeklickt und danach KOPIEREN ausgewählt.
- Auf der zweiten Folie nun mit der rechten Maustaste auf die Fläche und EINFÜGEN anklicken – das Bild ist da, aber zu groß und am falschen Ort.
- Wir verkleinern es durch Ziehen und verschieben es in die rechte obere Ecke.
- Nun kopieren wir dieses kleine Bild und gehen zur nächsten Folie.
- Hier nun rechts oben EINFÜGEN wählen und das Bild fügt sich im Kleinformat genau in die richtige Position.

  Gut dressiert, nicht wahr?
- Jetzt brauchen Sie nicht noch einmal neu KOPIEREN auszusuchen, sondern können alle Folien durchgehen und das Bild in der rechten oberen Ecke platzieren.
- Auf den Folien, die in dieser Ecke schon beschrieben sind, lassen wir das Logo weg – das sähe sonst nicht gut aus.

Vorschau und Folienübergänge

Jetzt sind Sie natürlich gespannt, wie die komplette Präsentation im *Vollbildmodus* und später auf der Leinwand aussehen wird, oder?

Probieren Sie es aus! In der Symbolleiste gibt es ein Bildchen, mit dem Sie Ihre Diashow von der ersten Folie an starten können:

Mit jeweils einem Klick auf die linke Maustaste oder die Enter-Taste blättern sie immer eine Seite weiter.

Wenn Ihnen die *Einzelbildfolge* zu abrupt erscheint, können Sie den *Folienübergang* auch noch gestalten, in dem Sie in der Menüleiste *Folie* auswählen und über das Drop-Down-Menü *Folienübergang* anklicken (alternativ über das Icon Folienübergang aus der Symbolleiste ganz rechts). Im rechten Bildschirmbereich können Sie nun Ihre Möglichkeiten abklopfen und sogar als Vorschau auf der aktuellen Folie anzeigen lassen.

Im Feld der Auswahlmöglichkeiten können Sie durch Drehen am Mausrad (scrollen) noch viel mehr Übergänge aufdecken.

Ganz unten müssen Sie noch auswählen, ob Sie den gewählten ÜBERGANG FÜR ALLE FOLIEN oder nur für die gerade aktuelle zur nächsten wünschen (siehe Bild auf der nächsten Seite).

Und jetzt schauen Sie sich Ihre Präsentation mit den neuen Übergängen noch einmal an.

Wenn Sie im Vollbildmodus sind, kommen Sie hier wieder durch Drücken der Escape-taste (Esc) heraus und zurück zu Ihrem Bearbeitungsbildschirm.

So, das war´s!

Die Schnittchen sind aufgegessen und die Kaffeekannen leer – gehen wir heim und schalten wir erst einmal ganz lange ab!

Ich bedanke mich für Ihre Aufmerksamkeit und hoffe, dass Sie viele Erfolgserlebnisse mit LibreOffice haben!

Natürlich kommt jetzt noch das Kapitel mit dem Download und der Installation, quasi als Abspann.

Alles Gute! Kerstin Broszat

Download und Installation

Zum Schluss noch etwas sehr trockene Materie; aber wat mutt, dat mutt (wir wir Norddeutsche zu sagen pflegen).

Wo bekommen Sie nun diese wirklich komplett kostenfreie Software her? Über die deutschsprachige Internetseite des Anbieters *The Document Foundation* natürlich!

Die vollständige Internetadresse lautet:

https://de.libreoffice.org/

Systemvoraussetzungen

Ich werde Ihnen den Download und die Installation auf der Grundlage des Betriebssystems *Windows 10* zeigen.

Nach Information des Anbieters wird *LibreOffice* automatisch in der Sprache installiert, die bereits im *Windows-Betriebssystem* eingestellt ist, also bei uns in der Regel auf Deutsch.

Die Anweisungen für die Installation unter *Linux* und *Mac OS X* können Sie auf der Internetseite von *LibreOffice* nachlesen (HOMEPAGE | DOWNLOAD | LIBREOFFICE DOWNLOAD) und dort hinunterscrollen bis das Passende gefunden ist.

Unter *Microsoft Windows* sollte Ihr *Rechner*laut *LibreOffice.org* mindestens folgende Voraussetzungen erfüllen:

- *Windows Server 2008, Windows 7 SP1, Windows 8, Windows Server 2012 oder Windows 10*
- Pentium-kompatibler PC (mindestens *Pentium III* oder *Athlon*– das ist der Prozessor)
- 256 MB RAM (512 MB empfohlen) – RAM ist die Bezeichnung für den Arbeitsspeicher
- Mindestens 1,5 GB freier Speicherplatz
- Eine Bildschirmauflösung von mindestens 1024x768 mit mindestens 256 Farben
- Für einige Funktionen von *LibreOffice* benötigen Sie *Java*, insbesondere für *Base* ist dies erforderlich. Die meisten Funktionen benötigen *Java* jedoch nicht.
- *LibreOffice* auf *Windows* war bisher immer ein 32-Bit-Programm. Ab der LibreOffice-Version-5.0.0 wird auch eine 64-Bit-Version bereitgestellt, die in der Regel für die Installation unter *Windows 10* benötigt wird. Beachten Sie bitte, dass Sie für eine 32-Bit-Version von *LibreOffice* auf einem 64-Bit-System die 32-Bit-Variante von *Java* benötigen. Diese kann bei Bedarf parallel zur 64-Bit-Variante von *Java* installiert werden.
- Sie müssen als Administrator auf Ihrem PC angemeldet sein (wenn Sie der alleinige Nutzer Ihres Rechners sind, sind Sie in der Regel auch der Administrator).

Download

Gleich auf der ersten Seite der Internetpräsenz von LibreOffice.org (der Homepage) werden Sie aufgefordert zum

JETZT HERUNTERLADEN

Klicken Sie diese Schrift an.

Sie werden auf der nächsten Seite darauf hingewiesen, dass die dort als erstes zum Download bereitgestellte Version von *LibreOffice* die Versionsnummer 6.1.2 hat. Diese Version ist jedoch bereits eine zukünftige, noch in der Entwicklung begriffene Version.

Scrollen Sie also weiter hinunter auf der Seite, dann kommen Sie zur Version 6.0.6, nach der dieses Lehrbuch geschrieben wurde (zum Zeitpunkt der Erstellung dieses Knowware-Titels im Oktober 2018).

Wählen Sie das auf Ihrem Rechner installierte Betriebssystem aus (in der Regel wird es *Windows X86_64* für *Windows 10* sein.

Und anschließend klicken Sie den gelben Download-Button an. Nach kurzer Zeit erscheint dieses Fenster:

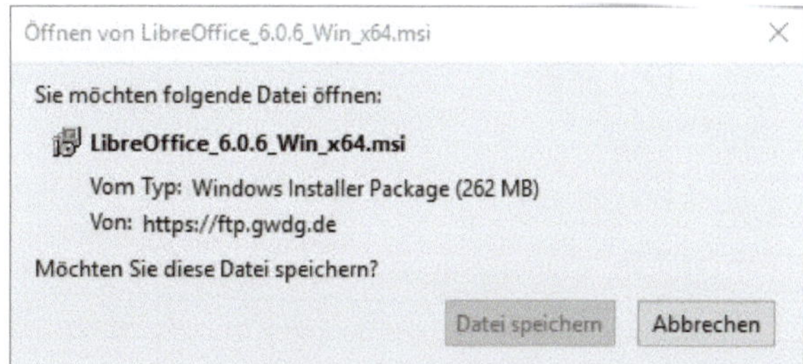

Beantworten Sie dann die Frage *Möchten Sie diese Datei speichern?* mit einem Klick auf den Button DATEI SPEICHERN.

Es dauert eine kleine Weile, bis *LibreOffice* komplett heruntergeladen ist (Sie können eventuell den Fortschritt des Downloads in Ihrem Internetbrowser über die Download-Anzeige beobachten).

Öffnen Sie jetzt über den Explorer Ihres PCs den DOWNLOAD-ORDNER; sortieren Sie die darin enthaltenen Dateien eventuell nach Download-Datum (das jüngste nach oben).

Ganz oben müsste nun die auszuführende Datei von *LibreOffice* stehen (jedenfalls wenn Sie nach diesem Download nichts anderes Heruntergeladen haben:

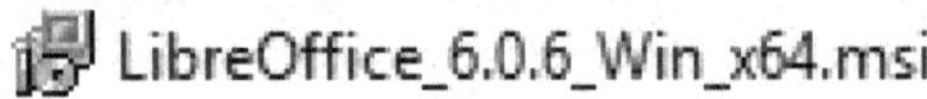

Bitte führen Sie einen DOPPELKLICK AUF DEN DATEINAMEN aus!

Und wieder heißt es ein wenig warten, bis eventuell eine Sicherheitswarnung von Ihrem Virenschutzprogramm aufpoppt, die Sie darauf Hinweis, dass Downloads aus dem Internet eventuell Schaden auf dem Computer anrichten können, und ob Sie wirklich diese Datei ausführen wollen.

Klicken Sie nun auf den Button AUSFÜHREN.

Es kann nun eine ganze Weile dauern, bis sich der Installationsassistent meldet, der sofort zu Beginn den Speicherplatz auf Ihrem PC prüft.

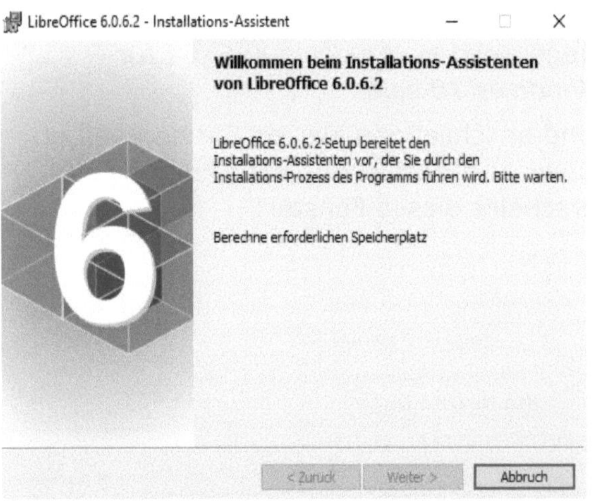

Danach werden Sie darüber informiert, dass der Assistent Ihnen erlaubt, *LibreOffice* zu ändern, zu installieren oder zu entfernen.

Klicken Sie auf WEITER und WEITER und WEITER ohne eventuell angebotene Wahlmöglichkeiten anzunehmen.

Haken Sie PROGRAMMVERKNÜPFUNG AUF DEM DESKTOP ANLEGEN an damit Sie *LibreOffice* immer gleich zum Öffnen auf Ihrem Bildschirm parat haben (es wird dort dann das Icon abgelegt).

Nun INSTALLIEREN anklicken; kurz darauf erscheint noch eine dramatisch unterlegte Frage: Möchten Sie zulassen, dass Software auf diesem Computer durch das folgende Programm (*LibreOffice*) installiert wird? Aber JA, natürlich wollen wir das! ANKLICKEN!

Nun beginnt der eigentliche Installationsvorgang, der etwas Zeit in Anspruch nehmen kann. Am Ende sollte das Fenster mit der Mitteilung auftauchen, dass der Installationsassistent abgeschlossen wurde und LibreOffice erfolgreich installiert wurde.

Nun noch ein Klick auf BEENDEN und das war`s!

*LibreOffice 6.0.6 (*oder eine spätere Version, falls Sie die Installation einige Zeit nach Erscheinen dieses Titels durchführen) steht zur Nutzung auf Ihrem PC bereit – mit einem Doppelklick auf das Icon auf Ihrem Desktop (Bildschirm) können Sie es sofort öffnen und anfangen, damit zu arbeiten.

Download LibreOffice Hilfe

Die Offline-Version der *LibreOffice* Hilfe finden Sie auf der gleichen Internetseite, wie den Download Ihrer *LibreOffice* Version und zwar ein paar Zentimeter unter dem Programm-Download:

Und klicken Sie auch hier auf den grünen Text OFFLINE-HILFEDATEIEN: DEUTSCH. (Beim Drüberfahren mit der Maus über diesen Text werden die Buchstaben blau.)

Wieder erscheint ein Fenster mit der Frage *Möchten Sie diese Datei speichern?*

Ja! Klicken Sie DATEI SPEICHERN an.

Schauen Sie wieder in Ihrem Download-Ordner nach und suchen Sie diese Datei:

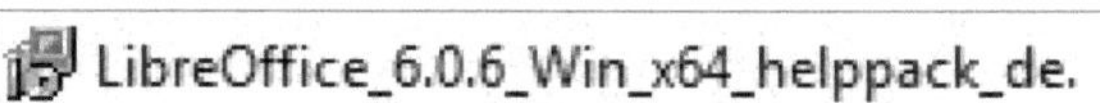

Auch diese Installationsdatei öffnen Sie mit einem Doppelklick, und die Frage, *ob Sie diese Datei ausführen möchten*, beantworten Sie wieder mit einem Klick auf AUSFÜHREN.

Diesmal öffnet sich der Installations-assistent für die Offline-Hilfe.

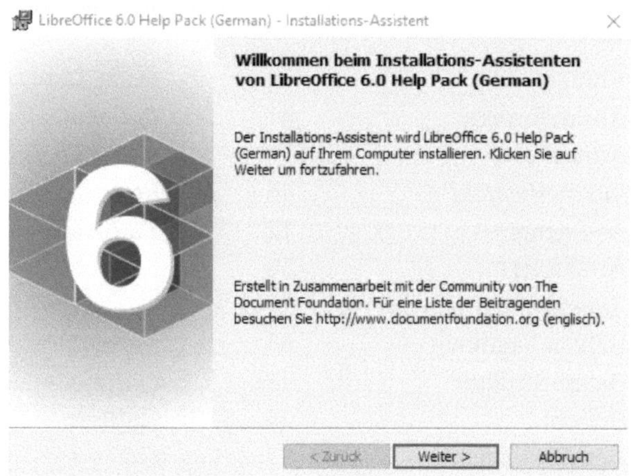

Klicken Sie WEITER.

Sie werden gebeten, den Zielordner zu überprüfen. Der Zielordner sollte der sein, in dem auch *LibreOffice 6.0* installiert ist.

Im nächsten Fenster klicken Sie dann auf den Button INSTALLIEREN.

Und wieder folgt die Frage, ob Sie zulassen möchten, dass Software auf diesem Computer installiert wird.

Ja, natürlich – INSTALLIEREN.

Danach geht alles ganz fix und die abschließende Anzeige, dass der Installationsassistent abgeschlossen ist, müsste erscheinen.

Noch einmal auf BEENDEN klicken und Sie können die Hilfe-Funktion aus Ihrer *LibreOffice*-Software heraus direkt benutzen.

■ Herzlichen Glückwunsch!

Stichwortverzeichnis

Nr.	KnowWare
146	Access 7/97 (Start mit ...)
173	Access 2003/2002 leicht u. verst.
198	Access 2007 Workshop
162	Access 2000 für Einsteiger
251	Access 2016 leicht & verständlich
269	Android 8.x - Oreo
250	Apple iPhone und iOS 10
S08	C++ leicht & verständlich
202	Contao! Webseiten clever gestalten
E21	Delphi leicht & verständlich
P14	Dreamweaver 3/4 für Einsteiger
M12	Dreamweaver 8 / CS3 leicht & verständlich
E17	Eltern und Computer Kids
P20	Excel 2000 für Fortgeschrittene
179	Excel 2002 leicht und verständlich
P35	Excel 2003 für Fortgeschrittene
213	Excel 2010 für Berufsschulen
265	**Excel 2016 für Berufsschulen**
243	Excel 2016 leicht & verständlich
263	Excel 2016 für Fortgeschrittene
230	Firefox leicht & verständlich
159	Frontpage 2000 für Einsteiger
184	Frontpage 2003 leicht & verständlich
214	Homepages für Einsteiger (Plus: HTML Grundwissen)
231	Homepages mit HTML5 & CSS3
270	Die eigene **Internetseite** leicht & verständlich
268	**Internet & Clouddienste sicher nutzen 2018**
264	iPad - Fotos & Filme
246	IT-Wissen von A-Z Ausgabe 2016
M13	Joomla 1.5 leicht & verständlich
208	Joomla 1.7 leicht & verständlich
247	**Linux** für Umsteiger 2
M02	MindManager X5 für Einsteiger
P33	Office 2003 für Einsteiger
238	Office 2016 (2010/2013) leicht & verständlich
222	Onlineshops eröffnen und führen
227	OneNote 2010/2013

Nr.	KnowWare
165	Outlook 98/2000/2002 für Einst.
P34	Outlook 2003 für Einsteiger
237	Picasa leicht & verständlich
239	PowerPoint 2016 für Fortgeschr. (2010/2013)
261	**Scratch** - spielend programmieren lernen
233	Thunderbird leicht & verständlcih
253	Tourenplanung mit GPSies und BaseCamp
P31	WebDesign mit Fireworks
221	Wichtige Windows-Werkzeuge
266	**Windows 10** leicht & verständlich Ausgabe 2018
148	Windows 95 für Einsteiger
166	Windows ME für Einsteiger
E05	Windows 2000 für Einsteiger
P38	Windows XP leicht & verständlich
164	Word 2000 für Einsteiger
244	Word 2016 leicht & verständlich
252	**Word 2016 - alles in Serie**
211	Word 2010 für Studenten + Schüler
229	Word 2010/2013 Anwendungstipps&Praxisbeispiele
206	Word Press